Sigrid Nesterenko

DAS GICHT GRILLBUCH

Leckere Grill-Rezepte für Gicht-Betroffene

DAS GICHT GRILLBUCH

Leckere Grill-Rezepte für Gicht-Betroffene

Sigrid Nesterenko

Taschenbuchausgabe August 2017
1. Auflage 2017
ISBN 9783944523224

Umschlaggestaltung: ersa Verlag
Urheber Umschlagfoto: © Jag_cz-Fotolia.de
Herstellung: SOL Service GmbH Schrobenhausen

ersa Verlag
UG (haftungsbeschränkt)
Gagzow 15,
23974 Krusenhagen/Germany
info@ersa-verlag.de

Inhaltsverzeichnis

Vorwort

Gicht und Grillen – eine Kombination, die auf den ersten Blick fast unmöglich erscheint. Gicht bedeutet einen weitestgehenden Verzicht auf Fleisch, was also soll auf den Grill?

So manch Betroffener schlägt aus lauter Frust vorsorglich jede Einladung zum netten Grillabend unter Freunden aus und verkriecht sich stattdessen bei schönstem Sommerwetter in seinem Fernsehsessel. Oder aber er riskiert das Unkalkulierbare und hofft darauf, den Gichtteufel für einen Grillabend besänftigen zu können. Vielleicht wird es ja nicht so schlimm, frohlockt man dann, wohl ahnend, dass dieser Trugschluss spätestens am nächsten Tag wie ein Bumerang zuschlagen wird und die gefürchteten Schmerzen planmäßig auftreten.

Doch muss das wirklich sein? Gibt es nicht bessere Alternativen, einen netten Grillabend zu verleben, ganz ohne schlechtes Gewissen und verdammte Gichtanfälle?

Ja - die gibt es! Mit diesem tollen Grillbuch speziell auf Gicht abgestimmt muss Grillen ab jetzt nicht mehr mit derartigen Gefahren einhergehen. Sagen Sie Goodbye zu Essensfrust und Grillverzicht.

Denn mit leckeren purinarmen Gerichten, etwas Fleisch und ganz viel Grün, gelingt ein bunter Grillabend auch trotz Gicht! Und das nicht nur bunt und abwechslungsreich, sondern auch lecker und satt.

Wie das aussehen kann, zeigt dieses Grillbuch auf sehr einfache Weise. Ob Sie eine leckere Hauptspeise grillen möchten, einen Grillsnack für zwischendurch oder Leckereien, die sogar Ihre fleischessenden Freunde neidisch machen – in diesem Buch werden Sie sicher etwas Passendes finden.

Das Angebot mit über 150 Rezepten ist so vielseitig, dass Sie für jede Gelegenheit etwas zubereiten können, das nicht nur gut schmeckt, sondern auch dem Harnsäurespiegel seine Grenzen aufzeigt.

Ich wünsche Ihnen von Herzen guten Appetit und viel Freude beim Grillen!

Ihre Sigrid Nesterenko!

Das sollten Sie auch wissen

Die in diesem Grillbuch zusammengestellten Rezepte wurden nach allerbestem Wissen und Gewissen ausgewählt. Sie sind für all jene geschrieben, die aufgrund einer Gichterkrankung auf eine entsprechende Ernährung achten. Alle Rezepte können ohne großen Aufwand zubereitet werden, sodass keine umfangreichen Vorkenntnisse erforderlich sind. Die meisten der in diesem Kochbuch verwendeten Zutaten sind alltäglich und in Supermärkten und Bioläden für fast jeden Geldbeutel erhältlich.

Auf Zucker wurde fast komplett verzichtet, dennoch kommen die meist liebgewonnenen süßen Geschmacksknospen nicht zu kurz. Sei es durch die Verwendung von natürlichen süßlichen Zutaten wie Honig und Ahornsirup oder durch Obst.
Neben dem gichtfreundlichen Essen legt dieses Grillbuch auch viel Wert auf gesunde Gerichte. Somit sind viele wertvolle Zutaten enthalten, die mit einer Extraportion an wichtigen Nährstoffen aufwarten wie beispielsweise Knoblauch, Oliven-, Kokos- und Sesamöl. Bedenken Sie, dass wir als Herausgeber dieses Buches keine Haftung für die Rezepte übernehmen. Somit haftet der Herausgeber auch nicht für mögliche Fehlerteufel, die sich in das ein oder andere Rezept eingeschlichen haben könnten.

Alle in diesem Buch aufgeführten Lebensmittel wurden nach dem aktuellen Wissensstand in Bezug auf eine gichtfreundliche Ernährung ausgewählt.

Lebensmittelliste

Die nachfolgende Lebensmittelliste gibt einen Überblick über empfehlenswerte, in Maßen, und zu vermeidende Lebensmittel.
Die Auflistung erhebt keinen Anspruch auf Vollständigkeit, sondern dient lediglich dazu, einen Überblick über die wichtigsten Lebensmittel zu geben.

Empfehlenswerte Lebensmittel:

- Acerola
- Äpfel, saure
- Apfelessig
- Ananas
- Auberginen
- Avocado
- Backpulver
- Balsamico-Essig
- Bambussprossen
- Birnen
- Borretsch
- Brombeeren
- Brunnenkresse
- Butter
- Chicorée
- Chinakohl
- Curcuma
- Dickmilch
- Dill
- Eier
- Eisbergsalat
- Endivie
- Erdbeeren
- Essig
- Fenchel, gegart
- Frühlingszwiebeln
- Gemüsesäfte
- Gewürzgurken
- Grapefruit
- Gurken
- Heidelbeeren
- Ingwer
- Käse, fettreduziert
- Kartoffeln
- Kirschen, saure
- Knoblauch
- Kohlrabi
- Kokosmilch
- Kräuter, frische
- Kresse
- Kürbis
- Maisgrieß (Polenta)
- Mango
- Milch
- Möhren
- Oliven
- Papaya
- Paprika

- Petersilie
- Petersilienwurzel
- Pfifferlinge
- Polenta
- Preiselbeeren
- Quark
- Quinoa
- Radieschen
- Radicchio
- Rettich
- Rote Bete
- Sago
- Sahne, fettreduziert
- Sanddornsaft
- Schnittlauch
- Sellerieknolle
- Senf
- Stachelbeeren
- Süßkartoffeln
- Tee, grüner
- Tomaten
- Vegetarische Brotaufstriche ohne Hefe
- Weißmehlprodukte
- Wildreis
- Zitrone
- Zucchini
- Zwiebeln

Lebensmittel in Maßen verzehren

- Ahornsirup
- Blutwurst
- Cashewnüsse
- Couscous
- Créme fraîche
- Hackfleisch
- Haselnüsse
- Honig
- Kaffee
- Kaltgepresste Öle
- Käsesorten, fettreich
- Laugengebäck
- Leberkäse
- Lebkuchen
- Leinsamen
- Leinsamenbrot
- Macadamianüsse
- Mandeln
- Mehrkornbrötchen
- Muskat
- Olivenöl
- Paranüsse
- Pecanüsse
- Pflanzenöle, kaltgepresst
- Pistazien
- Putenbrustfilet
- Quinoa
- Rinderfilet
- Roggenbrot

- Rosenkohl
- Rotkohl
- Rucola
- Tee, schwarzer
- Tofu
- Walnüsse
- Weißwurst
- Wirsing
- Zimt

Die meisten der hier aufgeführten Lebensmittel enthalten vergleichsweise wenig Purin, aber sollten aufgrund des hohen Kaloriengehalts nur eingeschränkt verzehrt werden wie beispielsweise fettreiche Käsesorten und Pflanzenöle.

Lebensmittel meiden

- Aal
- Alkohol
- Anchovis
- Aprikosen, getrocknet
- Artischocken
- Austernpilze
- Banane, getrocknet
- Bier, auch alkoholfreie Sorten
- Blumenkohl
- Bockwurst
- Bohnen
- Brokkoli
- Brühwürfel mit Hefe
- Buchweizen
- Champignons
- Eisbein
- Erbsen
- Erdnüsse
- Feigen getrocknet
- Feldsalat
- Fisch
- Fleisch, je nach Sorte
- Forelle
- Gans
- Gänseleber
- Garnelen
- Gemüsebrühe mit Hefe
- Grünkerngrieß
- Grünkernmehl
- Hefeextrakt
- Hefeflocken
- Heringe
- Hirse
- Hülsenfrüchte
- Innereien
- Kalbsleberwurst
- Kichererbsen
- Kümmel
- Kürbiskerne
- Lachs
- Lauch
- Leber

- Linsen
- Mais
- Makrelen
- Mangold (Oxalsäure)
- Mohn
- Nierchen
- Ölsardinen
- Pilze, je nach Sorte
- Porree
- Portulak (Oxalsäure)
- Rosinen
- Rotbarsch
- Rhabarber
- Sago
- Sauerampfer (Oxalsäure)
- Schmelzkäse mit Phosphat
- Schwarzwurzeln
- Seelachsfilet
- Sesamsamen
- Soja (je nach Produkt)
- Sonnenblumenkerne
- Spargel (Oxalsäure)
- Spinat (Oxalsäure)
- Sprotten
- Stangensellerie
- Steinpilze
- Trockenfrüchte, je nach Sorte
- Zucker (erschwert die Harnsäureausscheidung)

KARTOFFELGERICHTE

Kräuterkartoffeln

Zutaten für 4 Portionen:

- 1 kg kleine Kartoffeln
- je 3 Zweige Rosmarin, Thymian und Salbei
- Olivenöl
- Salz
- Pfeffer

Zubereitung:
Kartoffeln gründlich reinigen und ungeschält ca. 20 Minuten in Salzwasser kochen. Danach abgießen und abdampfen lassen.
Kräuter mit den Kartoffeln in eine Grillschale geben und mit Olivenöl bestreichen.

Auf den Grill stellen und ca. 15 Minuten grillen, gelegentlich umrühren. Bei Bedarf zwischendurch noch einmal mit Öl bestreichen.
Zum Verzehr mit Salz und Pfeffer würzen.

Kartoffeln mit gemischtem Gemüse

Zutaten für 4 Portionen:

- 4 Kartoffeln
- 1 Zucchini
- 1 gelbe Paprikaschote
- 1 Aubergine
- 1 Zwiebel
- 2 Knoblauchzehen
- 2 Rosmarinzweige
- 80 ml Olivenöl
- Salz
- Pfeffer

Zubereitung:
Aubergine, Zwiebel und Zucchini in ca. ½ cm dicke Scheiben schneiden.
Kartoffeln schälen und würfeln, Paprikaschote vierteln und entkernen.
Knoblauch durch eine Presse drücken und mit Olivenöl, gehacktem Rosmarin und Salz verrühren. Gemüse hinzugeben und ca. 2 Stunden ziehen lassen, zwischendurch umrühren.

In eine eingefettete Grillschale geben und knusprig grillen, gelegentlich wenden.

Kräuter-Kartoffelhälften mit Sour Creme

Zutaten für 2 Portionen:

- 2 große Ofenkartoffeln
- 4 Thymianzweige
- 2 Rosmarinzweige
- 250 g Sour Creme
- grobes Meersalz
- Alufolie

Zubereitung:

Kartoffeln gründlich waschen und zusammen mit dem Meersalz und den fein gehackten Kräutern in Alufolie wickeln.

In die Glut des Grills geben und ungefähr 45 Minuten garen lassen.

Kartoffeln vom Grill nehmen, auspacken und halbieren.

Zum Rösten erneut 5 Minuten auf den Grill legen.

Mit Sour Creme anrichten.

Paprika-Kartoffel-Spieße

Zutaten für 10 Portionen:

- 1 kg Kartoffeln (klein, rund)
- je 1 rote, grüne, gelbe Paprikaschote
- 50 g getrocknete Tomaten (in Öl eingelegt)
- 4 EL Olivenöl
- 2 Knoblauchzehen
- 2 Rosmarinzweige
- 1 Handvoll Basilikumblätter
- 1 TL Salz
- 1 TL Pfeffer, Spieße

Zubereitung:

Kartoffeln gründlich waschen und ca. 15 Minuten in Salzwasser vorkochen. Paprikaschoten vierteln, entkernen und in mundgerechte Stücke schneiden. Für die Marinade Tomaten, Rosmarinblätter und Knoblauch fein hacken und mit Öl, Salz und Pfeffer verrühren. Die vorgekochten Kartoffeln mittig durchschneiden und je ein Basilikumblatt dazwischen legen. Die Kartoffelhälften danach wieder aufeinandersetzen. Kartoffeln und Paprikastücke auf 10 Spieße stecken und ca. 15 Minuten grillen. Nach der Hälfte der Grillzeit die Spieße mit der Marinade bestreichen.

Paprika-Kartoffel-Grillpfanne

Zutaten für 4 Portionen:

- 400 g festkochende Kartoffeln
- 200 g Paprikaschoten
- 150 g Rucola
- 3 Stängel Basilikum
- 3 – 4 EL Olivenöl
- Salz
- Pfeffer

Zubereitung:

Kartoffeln gründlich waschen und als Pellkartoffeln in Salzwasser ca. 25 Minuten gar kochen.
Paprika putzen und klein würfeln.

Die gar gekochten Kartoffeln pellen, Rucola und Basilikumblätter grob hacken.
In einer Grillpfanne 2 EL Olivenöl auf dem Grill erhitzen und die Kartoffeln darin knusprig anbraten.
Die Paprikawürfel beimengen, weitere ca. 5 Minuten weiterbraten und mit Salz und Pfeffer würzen.

Rucola und Basilikum behutsam untermischen.

Rosmarinkartoffeln vom Grill

Zutaten für 4 Portionen:

- 4 Kartoffeln
- ½ TL Salz
- 100 ml Olivenöl
- 3 Rosmarinzweige

Zubereitung:

Kartoffeln gründlich waschen und ungeschält längsseitig achteln.
Rosmarinnadeln mit Salz und Öl vermischen. Mit den Kartoffelspalten in eine Schale geben und gut umrühren.

Kartoffeln mit der Schale nach unten ca. 15 Minuten auf den Grill geben.
Den Strunk der Kohlblätter keilförmig herausschneiden. Die Blätter auf Frischhaltefolie ausbreiten, mit einem zweiten Stück Folie abdecken und mit einem Rollholz flachrollen.

Die Kartoffelmasse mittig auf die Kohlblätter geben, die Blätter seitlich über die Kartoffelmasse schlagen und diese darüber aufrollen. Etwas Olivenöl darüber träufeln.
Bei nicht zu starker Glut ca. 12 Minuten grillen, zwischendurch wenden.

Kartoffel-Kohlrouladen

Zutaten für 4 Portionen:

- 400 g Kartoffeln
- 1 kleiner Kopf Weißkohl
- 4 Zwiebeln
- 30 g Parmesan
- etwas Butter
- etwas Olivenöl
- Muskat
- Salz
- Pfeffer
- Frischhaltefolie
-

Zubereitung:

Kartoffeln schälen, vierteln und ca. 25 Minuten in Salzwasser gar kochen.

Weißkohl in einen großen Topf mit kochendem Wasser geben. Nacheinander 8 Kohlblätter mit einem kleinen Messer ablösen.

Die Kohlblätter ca. 8 Minuten blanchieren, dann abschrecken und abtropfen lassen.

Zwiebeln würfeln und in 2 EL Öl anschwitzen.

Kartoffeln abgießen, ausdampfen lassen und mit etwas Butter zerstampfen.

Zwiebeln und Parmesan unterrühren, mit den Gewürzen abschmecken.

Den Strunk der Kohlblätter keilförmig herausschneiden. Die Blätter auf Frischhaltefolie ausbreiten, mit einem zweiten Stück Folie abdecken und mit einem Rollholz flachrollen.

Die Kartoffelmasse mittig auf die Kohlblätter geben, die Blätter seitlich über die Kartoffelmasse schlagen und diese darüber aufrollen. Etwas Olivenöl darüber träufeln.

Bei nicht zu starker Glut ca. 12 Minuten grillen, zwischendurch wenden.

Zwiebeln und Süßkartoffeln gefüllt

Zutaten für 4 Portionen:

- 2 große Süßkartoffeln
- 2 große Zwiebeln
- 2 getrocknete Tomaten (in Öl eingelegt)
- 2 Knoblauchzehen
- 3 EL Mascarpone, fettreduziert
- 4 EL Parmesan
- Olivenöl
- Salz
- Pfeffer

Zubereitung:

Kartoffeln gründlich waschen und ungeschält in Salzwasser ca. 20 Minuten vorgaren.

Zwiebeln bis auf die Wurzelenden pellen, dann ca. 5 Minuten in Salzwasser kochen. Kartoffeln abkühlen lassen, längsseitig halbieren und mit einem Löffel ausschaben, sodass 1 cm Rand übrig bleibt. Die Kartoffelmasse beiseite stellen. Tomaten abtropfen lassen und das Öl auffangen. Tomaten und Knoblauch in kleine Scheiben schneiden.

Das aufgefangene Tomatenöl in einer Pfanne erhitzen und Knoblauch anschwitzen.

Die Hälfte der Kartoffelmasse mit Tomatenstückchen und Mascarpone verrühren, mit Salz und Pfeffer würzen.

Zwiebeln halbieren, die inneren Schichten herausnehmen, dann mit der Kartoffelmischung befüllen. Mit den angeschwitzten Knoblauchscheiben belegen. Das Zwiebelinnere klein würfeln und in einer mit Olivenöl erhitzten Pfanne anbraten.

Rosmarin vom Zweig lösen und mit Salz und Pfeffer in die Pfanne geben.

Die andere Hälfte der Kartoffelmasse hinzufügen und die ausgehöhlten Kartoffelhälften damit füllen. Zum Schluss mit Parmesan bestreuen.

Kartoffel- und Zwiebelhälften in eine Grillschale setzen und ca. 30 Minuten grillen.

Kartoffelspieße mit Tomaten

Zutaten für 2 Portionen:

- 300 g kleine Kartoffeln
- 8 Cocktailtomaten
- 2 Zwiebeln
- 3 EL Olivenöl
- ½ Zitrone, Saft davon
- 1 EL Sojasoße
- 2 EL Wasser
- 2 EL Senf
- Salz
- Pfeffer
- Spieße

Zubereitung:

Die ungeschälten Kartoffeln ca. 12 Minuten in Salzwasser angaren.
Für die Marinade das Öl mit Senf, Zitronensaft, Wasser, Salz und Pfeffer in einer Schüssel verrühren.
Die abgegossenen Kartoffeln hinzugeben und ca. 1 Stunde ziehen lassen, zwischendurch wenden.
Zwiebeln in dicke Scheiben schneiden und abwechselnd mit Tomaten und Kartoffeln auf die Spieße stecken.

Auf den Grill legen, bis die Kartoffeln gar sind, dabei gelegentlich wenden.

Süßkartoffeln vom Grill mit Sauerrahm

Zutaten für 4 Portionen:

- 4 Süßkartoffeln
- 2 Handvoll Schnittlauch, fein gehackt
- 8 Thymianzweige
- 80 g Crème fraîche, fettreduziert
- 4 EL Joghurt
- 120 g Frischkäse, fettreduziert
- etwas Butter
- Muskat
- Salz
- Pfeffer
- 4 Stck. Alufolie

Zubereitung:

Süßkartoffeln gründlich abbürsten, waschen und jeweils mittig auf die Alufolie legen.
Thymianzweige und Butterflöckchen darauf legen, mit Salz und Pfeffer würzen. Alufolie fest verschließen, Kartoffeln ca. 25 Minuten auf dem Grill garen.Crème fraîche mit Joghurt und Frischkäse cremig rühren. Schnittlauch unterziehen, mit Gewürzen abschmecken. Zu den gar gegrillten Kartoffeln reichen.

Gegrillte Kartoffeln mit Käsesoße

Zutaten für 4 Portionen:

- 4 große Kartoffeln
- 4 Stücke Käse je 100 g, z. B. Emmentaler, Bergkäse
- 2 Knoblauchzehen
- Olivenöl
- 100 ml Gemüsebrühe, hefefrei
- Salz
- Pfeffer
- 4 Spieße

Zubereitung:

Kartoffeln gründlich waschen, abtrocknen und ungeschält in dünne Scheiben schneiden.

Auf die Spieße stecken, mit Öl und Salz einreiben, ca. 30 Minuten auf den Grill legen, gelegentlich wenden.

Knoblauch durch eine Presse drücken, Käsestücke in Würfel schneiden und in einer Grillpfanne (alternativ im Kochtopf auf dem Herd) zum Schmelzen bringen. Mit Gemüsebrühe ablöschen, mit Salz und Pfeffer abschmecken. Auf niedriger Stufe weiter köcheln lassen bis die Käsesoße schön cremig ist.

Kartoffelpüree mit gegrilltem Paprika

Zutaten für 4 Portionen:

- 600 g Kartoffeln
- 150 ml Milch, fettreduziert
- 40 g Butter, fettreduziert
- 4 EL Tomatenmark
- 150 g Paprikaschote
- 1 Mozzarellakugel
- 2 EL Schnittlauch, grob gehackt
- Muskat
- Salz
- Pfeffer

Zubereitung:

Paprikaschoten grillen.

Kartoffeln in gesalzenem Wasser gar kochen. Milch mit Butter und Tomatenmark kurz aufkochen, dann die Kartoffeln hineinstampfen. Mozzarella und die gegrillten Paprikaschoten in kleine Würfel schneiden und unter das Kartoffelpüree heben. Mit Gewürzen abschmecken und mit Schnittlauch bestreuen.

GEMÜSE

Gegrillter Kürbis mit Tomaten-Couscous

Zutaten für 4 Portionen:

- ½ Hokkaido-Kürbis (ca. 500 g Fruchtfleisch)
- 3 Tomaten
- 100 g Couscous
- ½ Bund Salbei
- 200 ml Gemüsebrühe, hefefrei
- 4 Stängel glatte Petersilie
- 2 Knoblauchzehen
- 1 Zitrone, Saft davon
- 2 – 3 EL Olivenöl
- Salz
- Pfeffer

Zubereitung:

Kürbis halbieren, entkernen und in 2 – 3 cm breite Spalten schneiden.

Salbei waschen, trocken schütteln und Blätter abzupfen.

Knoblauch in Scheiben schneiden.

Alles in eine Grillschale geben, mit Salz und Pfeffer würzen.

Je 2 EL Zitronensaft und Öl verquirlen und über das Gemüse träufeln.

Auf den Grill stellen und ca. 15 Minuten garen, zwischendurch wenden.

In der Zwischenzeit die Brühe aufkochen, Couscous einstreuen und nach Packungsanleitung zugedeckt ausquellen lassen. Tomaten würfeln, Petersilie fein hacken.

Petersilie mit dem restlichen Zitronensaft und Öl unter den Couscous rühren. Tomaten beimengen und mit Salz und Pfeffer abschmecken.

Gegrillte Kürbishälften mit Sesamöl

Zutaten:

- 1 Kürbis
- 4 EL Sesamöl
- Salz

Zubereitung:

Kürbis halbieren und entkernen.

Mit den Schnittflächen nach unten ca. 15 Minuten auf dem Grillrost garen.

Vom Grill nehmen, an den Schnittflächen mit Sesamöl bestreichen.

Mit den Schnittflächen nach oben erneut auf den Grill geben und ca. 30 Minuten garen.

Das Kürbisfleisch mit einem Löffel ausschaben. Mit etwas Öl und Salz anrichten.

Paprikagemüse auf Rucola

Zutaten für 4 Portionen:

- 4 Paprikaschoten
- 1 Handvoll Rucola
- 1 Zwiebel
- ½ Zitrone, Saft davon
- 1 EL Honig, flüssig
- 2 EL Olivenöl
- Salz
- Pfeffer

Zubereitung:

Zwiebel fein würfeln. Mit Honig, Olivenöl, Zitronensaft, Salz und Pfeffer zu einer Soße verrühren.

Paprikaschoten putzen, entkernen und vierteln. Mit der Hautseite nach oben auf ein Grillblech legen.

So lange rösten, bis die Haut schwarz wird und Blasen wirft. Unter einem feuchten Tuch ca. 10 Minuten abgedeckt dämpfen.

Dann häuten und mit der Soße mischen.

Rucola putzen, von groben Stielen befreien und mit dem Paprikagemüse anrichten.

Auberginen mit Pfifferlingen

Zutaten für 4 Portionen:

- 2 Auberginen
- 350 g Pfifferlinge
- 4 EL Olivenöl
- 2 Knoblauchzehen
- 1 EL Honig
- 2 EL Walnüsse, fein gehackt
- Salz
- Pfeffer

Zubereitung:

Auberginen putzen und längs in 1 cm dicke Scheiben schneiden. Mit etwas Salz einreiben, dann ca. 30 Minuten ziehen lassen. Pfifferlinge gründlich putzen, die harten Stielansätze abschneiden. Olivenöl in eine kleine Schüssel geben, den gepressten Knoblauch, Salz und Pfeffer einrühren.

Auberginenscheiben abbrausen, abtupfen und zusammen mit den Pfifferlingen mit dem Knoblauchöl bestreichen.

In eine Grillschale legen und ca. 10 Minuten grillen, zwischendurch wenden. Kurz bevor das Gemüse gar ist, den Honig am Rande des Grillrostes erwärmen und die Auberginen und Pfifferlinge damit bestreichen. Mit Walnüssen bestreuen.

Zucchini-Röllchen

Zutaten für 15 Stück:

- 1 Zucchini
- 1 Zwiebel
- 5 EL Olivenöl
- 50 g getrocknete Tomaten (in Öl eingelegt)
- 20 Oliven, entkernt
- Basilikum
- Thymian
- Salz
- Pfeffer
- Zahnstocher

Zubereitung:

Zwiebel würfeln und in 1 EL Öl anschwitzen.
Tomaten und Oliven fein hacken, mit den Zwiebeln, 3 EL Öl, Salz und Pfeffer vermengen.
Zucchini in lange dünne Scheiben schneiden und etwas salzen. Trocken tupfen, mit dem Pesto bestreichen, Kräuter fein hacken und darüber verteilen.

Aufrollen und mit Zahnstocher feststecken. Röllchen mit etwas Öl bestreichen und ca. 6 Minuten grillen.

Fenchel mit Tomaten

Zutaten für 4 Portionen:

- 2 große Fenchel
- 2 Fleischtomaten
- je 4 Zweige Thymian und Rosmarin
- 4 Knoblauchzehen
- Olivenöl
- Salz
- Pfeffer
- 4 Stck. Alufolie (ca. 20 x 20 cm)

Zubereitung:

Fenchel, Tomaten und Knoblauch in dünne Scheiben schneiden und nacheinander auf die eingefetteten Alufolien legen.
Mit Salz und Pfeffer würzen, dann die Kräuter und jeweils 1 EL Öl auf das Gemüse geben.

Gut verschließen und ca. 15 Minuten auf den Grill legen.

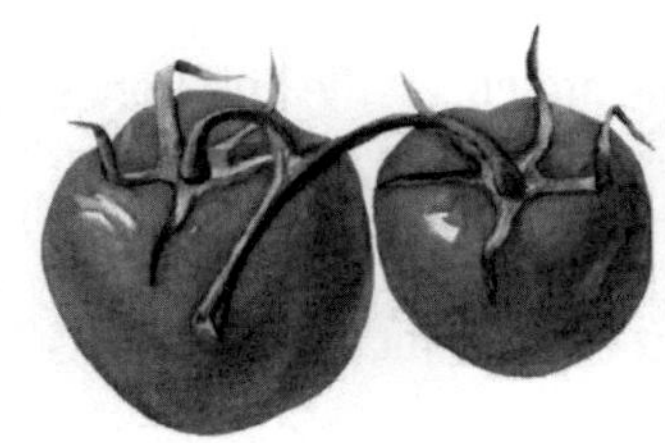

Gemischte Pfifferlingschale

Zutaten für 4 Portionen:

- 400 g Pfifferlinge
- ½ rote Paprikaschote
- 1 Zwiebel
- 1 Lauchzwiebel
- 4 Stängel Petersilie
- Olivenöl
- Salz
- Pfeffer
- Grillschale

Zubereitung:

Zwiebel und Petersilie fein hacken, Lauchzwiebel putzen und in feine Ringe schneiden.

Paprikaschote fein würfeln.
Pfifferlinge gründlich putzen und mit dem vorbereiteten Gemüse in einer Grillschale vermischen. Olivenöl darüber träufeln.

So lange grillen, bis die Pfifferlinge gar sind.

Mit Salz und Pfeffer abschmecken.

Gemischtes Gemüse mit Ei

Zutaten für 4 Portionen:

- 3 Tomaten
- 1 große Zucchini
- 1 Aubergine
- 2 Zwiebeln
- 4 Eier
- 4 Knoblauchzehen
- 6 EL Olivenöl
- 1 EL Oregano
- Salz
- Pfeffer

Zubereitung:

Tomaten, Zucchini, Zwiebeln und Knoblauchzehen würfeln.
Aubergine in mundgerechte Stücke schneiden.

In eine Grillschale geben und mit Olivenöl und Gewürzen vermengen.

Auf den Grill stellen, kurz vor dem Servieren die verquirlten Eier unterziehen und stocken lassen.

Panierte Auberginen

Zutaten für 4 Portionen:

- 1 große Aubergine
- 1 Ei
- 4 EL Parmesan
- 4 EL Paniermehl
- Öl
- etwas Mehl
- Salz
- Pfeffer

Zubereitung:

Ei mit Salz und Pfeffer verquirlen.
Paniermehl mit Parmesan vermischen.

Aubergine putzen, in Scheiben schneiden, nacheinander in Mehl, Ei und Parmesanmix wenden.
In einer Grillschale knusprig grillen.

Gegrillte Antipasti

Zutaten für 4 Portionen:

- 300 g Auberginen
- 300 g Zucchini
- 2 Zwiebeln
- 1 rote Paprikaschote
- 200 g Möhren
- 10 Oliven, entkernt
- ½ Zitrone, Saft davon
- 4 EL Olivenöl
- 2 - 3 EL Balsamico
- Salz
- Pfeffer

Zubereitung:

Zucchini, Zwiebeln, Auberginen und Möhren in 1 cm dicke Scheiben schneiden.
Paprika entkernen und in 1 cm lange Streifen schneiden.
Das Gemüse von jeder Seite 2 Minuten grillen, dann in eine Schale legen.

Zitronensaft mit Olivenöl verquirlen und über das heiße Gemüse gießen, dann 30 Minuten ziehen lassen.
Mit Salz und Pfeffer würzen, mit Balsamico beträufeln.

Möhren mit Knoblauchbutter

Zutaten:

- 1 Bund junge Möhren
- 6 Knoblauchzehen
- Butter
- Salz

Zubereitung:

Möhren putzen und für die Optik etwas Grün stehen lassen.
Knoblauch durch eine Presse drücken und mit der weichen Butter und Salz verrühren.
Möhren in eine Grillschale legen, die Knoblauchbutter darüber verteilen.
Auf dem Grill ca. 10 Minuten garen, zwischendurch wenden.

Gegrillte Pfifferlinge

Zutaten für 4 Portionen:

- 400 g Pfifferlinge
- Butter
- Salz
- Pfeffer

Zubereitung:

Pfifferlinge gründlich putzen, in eine Grillschale geben und Butterflöckchen darüber verteilen. So lange grillen, bis die Pfifferlinge gar sind.
Mit Salz und Pfeffer abschmecken.

Gegrillte Dill-Gurken

Zutaten für 2 Portionen:

- 300 g Salatgurke
- 1 kleine Zwiebel
- 1 kleiner Bund Dill
- Olivenöl
- Salz
- Pfeffer
- Alufolie

Zubereitung:

Gurken längs vierteln und in fingerlange Stücke schneiden.
Zwiebel halbieren und in Ringe schneiden, Dill grob hacken.

Gurkenstücke auf die mit Öl bestrichene Alufolie legen, mit Salz und Pfeffer würzen.
Zwiebelringe und Dill gleichmäßig darüber verteilen.
Alufolie fest verschließen und ca. 20 Minuten auf den Grill legen.

Kürbis-Gurken-Spieße

Zutaten für 10 Portionen:

- 1 kleiner Kürbis
- 1 Glas Gewürzgurken
- 1 Apfelsine
- 5 EL Olivenöl
- 1 Rosmarinzweig, fein gehackt
- Salz
- Pfeffer
- 10 Spieße

Zubereitung:

Kürbis halbieren und entkernen. Das Fruchtfleisch in mundgerechte Stücke schneiden und mit den Gurkenstücken abwechselnd auf die Spieße stecken.

Für die Marinade Apfelsine auspressen und 60 ml davon abmessen. Mit Rosmarin, Olivenöl, Salz und Pfeffer verrühren.

Die Gemüsespieße in Grillschalen legen und ca. 25 Minuten auf einem heißen Grill garen.

Zwischendurch wenden und immer wieder mit der Marinade bestreichen.

Gegrillte Zucchini mit Thymian

Zutaten für 2 Portionen:

- 3 Zucchini
- 4 Thymianzweige, fein gehackt
- 2 EL Olivenöl
- ½ Zitrone, Saft davon
- Salz
- Pfeffer

Zubereitung:

Zucchini längs halbieren, in ½ cm dicke Scheiben schneiden und mit Thymian und Olivenöl vermengen.

In einer Grillpfanne ca. 5 Minuten garen, zwischendurch wenden.

Nach Geschmack mit Salz und Pfeffer würzen, mit Zitronensaft beträufeln.

Paprikaspieße

Zutaten für 10 Portionen:

- 1,5 rote Paprikaschoten
- 1 Zucchini
- 1,5 Zitronen
- 1 große Zwiebel
- 2 EL Olivenöl
- 10 Spieße

Zubereitung:

Paprikaschoten vierteln, entkernen und in grobe Stücke schneiden.

Zucchini in dicke Scheiben schneiden.

Zitronen abspülen, trocknen und in Spalten schneiden.

Die Zwiebel abziehen und ebenfalls in Stücke schneiden.

Die Zutaten abwechselnd auf die Spieße stecken, mit Olivenöl bestreichen und mit Salz und Pfeffer würzen.

Die Spieße ca. 8 Minuten grillen, zwischendurch wenden.

Gegrillte Rote Bete

Zutaten für 4 Portionen:

- 4 Rote Bete
- 1 Zwiebel
- 1 Apfelsine, Saft davon
- 4 EL Sonnenblumenöl
- 2 EL Balsamico-Essig
- Salz
- Pfeffer

Zubereitung:

Rote Bete gut waschen, putzen, schälen und in Scheiben schneiden.

Für die Marinade Apfelsinensaft mit den restlichen Zutaten verquirlen.
Die Rote Bete beidseitig damit bestreichen.

In der Grillschale so lange garen, bis die Rote Bete nach Belieben bissfest oder weich ist, zwischendurch wenden.

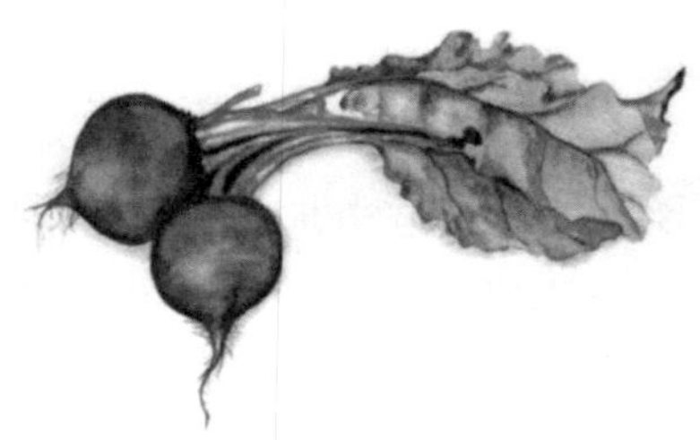

Zucchini mit Kräutermarinade

Zutaten für 8 Portionen:

- 4 Zucchini
- 2 Knoblauchzehen
- ½ Bund Thymian, Blätter davon
- 2 Handvoll Minzeblätter
- 2 Zwiebeln
- Olivenöl
- Salz
- Pfeffer

Zubereitung:

Zwiebeln, Knoblauch, Thymian- und Minzeblätter fein hacken.

Alle Zutaten mit Olivenöl verrühren und mit Salz und Pfeffer abschmecken.

Zucchini in dicke Scheiben schneiden, in die Kräutermarinade einlegen und ca. 2 Stunden ziehen lassen.

Danach eingelegte Zucchini auf dem Grill beidseitig gut anbraten.

Pfifferlinge mit Walnüssen

Zutaten für 4 Portionen:

- 250 g Pfifferlinge
- 2 EL Walnusskerne
- 3 Stiele glatte Petersilie
- 2 EL Walnussöl
- Salz
- Pfeffer

Zubereitung:

Walnüsse fein hacken.

Petersilienblättchen von den Stielen abzupfen und grob hacken.

Pfifferlinge gründlich putzen, in eine mit Öl bepinselte Grillschale legen und wenige Minuten auf dem Grill garen.

Mit Salz und Pfeffer würzen, Walnussöl, Petersilie und Walnüsse darüber verteilen.

Chicorée gegrillt

Zutaten für 2 Portionen:

- 2 Chicorée
- 1 Knoblauchzehe
- 2 Rosmarin-Zweige
- ½ - 1 TL Balsamico-Essig
- 2 – 3 EL Olivenöl
- Salz
- Pfeffer

Zubereitung:

Chicorée putzen, halbieren und mit Rosmarin in einer Grillpfanne beidseitig ca. 20 Minuten goldbraun grillen, zwischendurch wenden. Für die Marinade Knoblauch fein würfeln und nach Geschmack mit Olivenöl, Essig, Salz und Pfeffer verrühren.

Gegrillte Selleriescheiben

Zutaten für 2 Portionen:

- 1 Sellerieknolle
- 1 Ei
- 2 Tomaten
- 20 g Paniermehl
- Olivenöl
- Senf
- Zitronensaft
- 1 Handvoll Schnittlauch
- Salz
- Pfeffer

Zubereitung:

Sellerieknolle schälen und in 1 cm dicke Scheiben schneiden.
In Wasser mit Zitronensaft und Salz ca. 5 Minuten kochen.
Abtropfen lassen, mit Küchenpapier abtupfen.

Ei mit Salz und Pfeffer verquirlen.
Selleriescheiben mit Senf, danach mit Ei bestreichen und im Paniermehl wenden.
In eine gut eingeölte Grillpfanne geben, mit Öl beträufeln und beidseitig goldgelb grillen.

Tomaten in Viertel schneiden, mit grob gehacktem Schnittlauch bestreuen und zu den Selleriescheiben reichen.

GEMÜSE MIT KÄSE

Kräuter-Camembert vom Grill

Zutaten für 6 Portionen:

- 1 großer Camembert (ca. 500 g), fettreduziert
- je 10 Zweige Salbei, Rosmarin und Thymian
- 2 Birnen
- 6 EL Haselnüsse, grob gehackt
- 1 EL Honig
- Küchengarn
- Gefrierbeutel

Zubereitung:

Camembert mit den Kräutern auf das ausgelegte Küchengarn legen und verschnüren. In einen Gefrierbeutel geben, verschließen und über Nacht im Kühlschrank ziehen lassen. Aus dem Beutel herausnehmen, mit etwas Wasser befeuchten und bei indirekter Hitze ca. 15 Minute grillen, dabei zwischendurch wenden. Die Birnen schälen, entkernen und in grobe Stücke schneiden. Mit etwas Wasser kurz andünsten. Die Haselnüsse in einer fettfreien Pfanne rösten. Den Käse vom Küchengarn und den Kräutern befreien und in 6 Stücke schneiden. Die Birnen abtropfen lassen und mit dem Käse und den Nüssen anrichten. Mit etwas Honig beträufeln.

Gegrillter Ziegenkäse mit Rucola

Zutaten für 4 Portionen:

- 200 g Rucola
- 200 g Ziegenkäse
- 10 getrocknete Tomaten (in Öl eingelegt)
- 80 g Oliven, entkernt
- 50 ml Gemüsebrühe, hefefrei
- 1 EL Honig, flüssig
- 1 TL getrockneter Thymian
- 4 EL Olivenöl , 3 EL Balsamico-Essig
- Salz, Pfeffer, Alufolie

Zubereitung:

Tomaten und Oliven feinhacken. Mit Olivenöl, Gemüsebrühe, Honig, Essig, Thymian, Salz und Pfeffer in ein Glas mit Deckel geben. Verschließen und kräftig schütteln. Ziegenkäse in 8 Stücke schneiden, auf die eingefettete Alufolie legen und ca. 3 Minuten grillen. Den geputzten Rucola auf Tellern anrichten und mit der Vinaigrette aus dem Glas beträufeln. Den Ziegenkäse vom Grill nehmen und auf den Salat legen.

Gefüllte Feta-Tomaten vom Grill

Zutaten für 4 Portionen:

- 4 große Fleischtomaten
- 1 kleine Zwiebel
- 200 g Feta, fettreduziert
- ½ Bund Petersilie
- Olivenöl
- Salz
- Pfeffer

Zubereitung:

Den oberen Teil der Tomaten als Deckel abschneiden. Diese und das Innere der Tomaten auslöffeln und mit Salz und Pfeffer würzen.
Die Kerne in einem Sieb abtropfen lassen.

Feta und Zwiebel in kleine Würfel schneiden, mit fein gehackter Petersilie, etwas Olivenöl und Pfeffer vermengen und in die Tomaten füllen.

Tomaten mit den Deckeln verschließen, mit etwas Olivenöl bestreichen, in eine Grillschale setzen und ca. 10 Minuten grillen.

Auberginen mit Mozzarella

Zutaten für 2 Portionen:

- 1 große Aubergine
- 2 Mozzarellakugeln, fettreduziert
- 6 Oliven, entkernt
- 2 Knoblauchzehen
- 2 – 3 EL Olivenöl
- 8 Basilikumblätter
- 1 EL Balsamico-Essig
- 1 EL Wasser
- Salz
- Pfeffer

Zubereitung:

Auberginen in mundgerechte Stücke schneiden und ca. 5 Minuten in Wasser köcheln.

Für das Dressing Öl mit Essig, fein gehacktem Basilikum und gepresstem Knoblauch vermengen. Mit Salz und Pfeffer abschmecken.

Auberginenstücke abtropfen lassen, dann mit dem Dressing verrühren und ca. 1 Stunde ziehen lassen.

Mozzarella und Oliven in Scheiben schneiden und mit Auberginen anrichten.

Gegrillte gefüllte Tomaten

Zutaten für 4 Portionen:

- 4 Tomaten
- 125 g Mozzarella, fettreduziert
- 1 EL Balsamico-Essig
- 2 Scheiben Toastbrot
- 8 Blätter Basilikum
- etwas Olivenöl
- Salz, Pfeffer

Zubereitung:

Die oberen Teile der Tomaten als Deckel abschneiden. Diese und das Innere der Tomaten auslöffeln und mit Salz und Pfeffer würzen. Die Kerne in einem Sieb abtropfen lassen. Brotscheiben toasten und in kleine Würfel schneiden. Für die Marinade 3 EL vom abgetropften Tomatensaft mit 2 EL Olivenöl, dem fein gehackten Basilikum, Essig, Salz und Pfeffer verrühren. Mozzarella abtropfen lassen, in kleine Würfel schneiden und mit der Marinade vermengen. Alles ca. 10 Minuten durchziehen lassen, die Brotwürfel unterrühren und in die Tomaten füllen. Tomaten mit den Deckeln verschließen, mit etwas Olivenöl bestreichen, in eine Grillschale setzen und ca. 10 Minuten grillen.

Grillkäse mit Zitronensalsa

Zutaten für 4 Portionen:

- 400 g Grillkäse
- 2 EL Olivenöl

für die Zitronensalsa:

- 1 kleine Zwiebel
- 2 Zitronen, ungespritzt
- 3 EL Olivenöl
- 15 Oliven, entkernt
- ½ Bund Petersilie
- 2 TL Essig

Zubereitung:

Oliven und Zwiebel in feine Würfel schneiden, Petersilie fein hacken.
Zitronenschale abreiben und mit den restlichen Salsa-Zutaten verrühren.
Käse mit Öl bestreichen und von jeder Seite ca. 4 Minuten auf den Grill legen.
Den fertigen Grillkäse mit der Zitronensalsa servieren.

Mediterrane Gemüsepäckchen

Zutaten für 4 Portionen:

- 1 Zucchini
- 1 Aubergine
- 200 g Schafskäse
- 5 Knoblauchzehen
- 10 Oliven, entkernt
- 1 Rosmarinzweig
- ½ Tasse Olivenöl
- Oregano
- Salz
- Pfeffer
- Alufolie

Zubereitung:

Zucchini und Aubergine putzen, halbieren und in Scheiben schneiden.
Rosmarin und Knoblauch fein hacken.
Schafskäse und Oliven würfeln.
Alles in eine Schüssel geben und gut umrühren.
Etwas Olivenöl beifügen und je nach Geschmack würzen.
Über Nacht ziehen lassen.

Aus Alufolie Quadrate fertigen und Gemüse-Kräuter-Mischung darauf verteilen.
Kleine Päckchen formen, verschließen und auf den Grill geben.

Mozzarella-Spieße vom Grill

Zutaten für 8 Portionen:

- 250 g kleine Mozzarellakugeln, fettreduziert
- 2 rote Paprikaschoten
- 3 Lauchzwiebeln
- 2 EL Olivenöl
- 1 EL Sojasoße
- Spieße

Zubereitung:

Paprikaschoten und Lauchzwiebeln putzen und in gleich lange Stücke schneiden. Abwechselnd mit den Mozzarellakugeln auf die Spieße stecken. Für die Marinade Olivenöl mit Sojasoße verrühren.
Spieße mit der Marinade bestreichen und in einer Grillschale ca. 10 Minuten grillen, zwischendurch wenden und erneut mit der Marinade bestreichen.

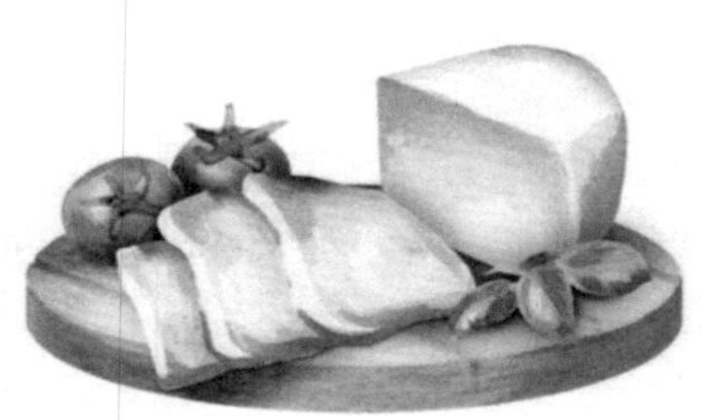

Gegrillte Auberginenröllchen

Zutaten für 4 Portionen:

- 1 große Aubergine
- 125 g Mozzarella, fettreduziert
- ½ Bund Petersilie
- 3 Knoblauchzehen
- 50 g Parmesan, gerieben
- 50 ml Olivenöl
- 1 EL Paniermehl
- Salz, Pfeffer, Spieße

Zubereitung:

Aubergine längsseitig in dünne Scheiben schneiden und beidseitig mit Salz bestreuen. Knoblauch fein hacken und in erhitztem Öl andünsten. Petersilie fein hacken und mit Knoblauch, Paniermehl, Parmesan und dem restlichen Olivenöl pürieren, bis eine streichfähige Konsistenz erreicht ist. Mit Salz und Pfeffer abschmecken. Auberginenscheiben abwaschen und 1 TL Paste pro Scheibe aufstreichen. Mozzarella in Streifen schneiden und auf die Auberginenscheiben legen, dann aufrollen und auf die Spieße stecken.

Auf den Grill legen und so lange garen, bis sie braun sind, dabei gelegentlich wenden.

Gemüsetaler

Zutaten für 4 Portionen:

- 200 g Auberginen
- 200 g Zucchini
- 2 Knoblauchzehen
- 3 TL Olivenöl
- 2 EL Kräuter (z. B. Schnittlauch, Rosmarin, Thymian)
- 50 g Parmesan, gerieben
- Pfeffer

Zubereitung:

Zucchini und Aubergine in ca. 1 cm dicke Scheiben schneiden.

Knoblauch durch eine Presse drücken und mit Olivenöl verrühren.

Die Kräuter separat mit dem Parmesan vermengen.

Die Gemüsescheiben mit dem Würzöl auf einer Seite bestreichen und auf dem Grill ca. 3 Minuten garen. Danach die oben liegende Seite mit dem Würzöl bestreichen, wenden und ebenfalls garen. Diesen Vorgang wiederholen und zusätzlich die Käse-Kräuter-Mischung hinzufügen. Das Gemüse noch weitere 3 Minuten grillen bis der Käse geschmolzen ist.

Feta-Päckchen

Zutaten für 4 Portionen:

- 500 g Feta
- 100 g getrocknete Tomaten (in Öl eingelegt)
- 4 Knoblauchzehen
- 12 Thymianzweige
- 4 TL geröstete Pinienkerne
- Pfeffer
- 4 Stck. Alufolie

Zubereitung:

Feta in 1 cm dicke Scheiben schneiden.

Tomaten abtropfen lassen und in kleine Stücke schneiden.

Knoblauch würfeln.

Knoblauch, Feta, Tomaten, Thymian und Pinienkerne nacheinander und gleichmäßig auf die eingefettete Alufolie verteilen. Mit Pfeffer würzen und fest verschließen.

Auf dem Grill ca. 10 Minuten garen.

Fenchel-Mozzarellaspieße

Zutaten für 4 Portionen:

- 100 g Mini-Mozzarella, fettreduziert
- 3 Stück Fenchel
- 1 TL Thymian
- 12 Cocktailtomaten
- 2 EL Sonnenblumenöl
- Salz
- Pfeffer
- Spieße

Zubereitung:

Fenchel putzen, in Öl etwas anbraten und in mundgerechte Stücke schneiden.

Dann abwechselnd mit Mozzarella und Tomaten auf die Spieße stecken. Salzen, pfeffern und mit Öl beträufeln.

In einer Grillschale garen und mit gehacktem Thymian bestreuen.

Gemüse und Grillkäse mit Kräutermarinade

Zutaten für 4 Portionen:

- 150 g Grillkäse, fettreduziert
- 1 Aubergine
- 1 große Zucchini
- 3 Tomaten
- 2 Frühlingszwiebeln

Marinade:

- 4 Rosmarinzweige
- 3 Knoblauchzehen
- 100 ml Olivenöl
- Salz, Pfeffer

Zubereitung:

Käse in mundgerechte Stücke schneiden. Zucchini und Aubergine längs halbieren und in ½ cm dicke Scheiben schneiden. Tomaten halbieren, Frühlingszwiebeln putzen und in grobe Ringe schneiden.

Für die Marinade Knoblauch durch eine Presse drücken. Rosmarinnadeln von den Zweigen zupfen und fein hacken. Mit Knoblauch und Olivenöl verrühren, mit Salz und Pfeffer abschmecken.

Gemüse mit Käse in eine Schale geben, mit der Marinade übergießen und ca. 2 Stunden ziehen lassen. Gemüse ca. 8 Minuten, Käse ca. 5 Minuten grillen.

Gefüllte Zucchini

Zutaten für 2 Portionen:

- 2 kleine Zucchini
- 100 g geriebener Käse
- Olivenöl
- Salz
- Pfeffer
- 2 Stck. Alufolie

Zubereitung:

Die geputzten Zucchini bis kurz vor dem Ende längsseitig einschneiden.

Den geriebenen Käse in die Einschnitte füllen, mit Salz und Pfeffer würzen.

Auf die mit Öl bestrichene Alufolie legen, einwickeln und ca. 10 Minuten grillen, dabei gelegentlich wenden.

Gefüllte Spitzpaprika

Zutaten für 8 Portionen:

- 4 Spitzpaprika
- 200 g Schafskäse
- 1 Tomate
- 10 Oliven, entkernt
- 1 Lauchzwiebel
- 1 Zwiebel
- 1 EL Oregano
- 3 Knoblauchzehen
- Olivenöl
- Salz
- Pfeffer

Zubereitung:

Zwiebel, Tomate und Oliven würfeln, die geputzte Lauchzwiebel in feine Ringe schneiden.

Schafskäse zerbröseln und beimengen. Mit Olivenöl, Oregano, Salz und Pfeffer verrühren.

Paprikaschoten entstielen, längs halbieren und entkernen. Die Käsemasse einfüllen.
Mit der gefüllten Seite nach oben auf den Grill setzen und ca. 10 Minuten garen.

Salatherz mit heißem Ziegenkäse

Zutaten für 2 Portionen:

- 4 Stck. Ziegenfrischkäse
- 1 Salatherz
- 3 – 4 EL Olivenöl
- 1 - 2 EL Zitronensaft
- 1 Thymianzweig
- Salz
- Pfeffer

Zubereitung:

Das Salatherz in mundgerechte Stücke zupfen.
Öl mit Zitronensaft, fein gehacktem Thymian, Salz und Pfeffer verquirlen.

Ziegenkäse in eine eingefettete Grillschale geben und ca. 5 Minuten grillen.

Salatblätter mit Dressing anrichten, den Ziegenkäse darauf setzen.

Polenta mit Frischkäse vom Grill

Zutaten für 4 Portionen:

- 175 g Maisgries
- 125 g Frischkäse, fettreduziert
- 750 ml Wasser
- ½ EL Salz

Zubereitung:

Wasser mit Salz in einen Topf geben und zum Kochen bringen.

Hitze reduzieren und Maisgries langsam einrühren. So lange umrühren, bis eine dicke Masse entstanden ist und sich vom Topfrand löst.

Vom Herd nehmen und abkühlen lassen.

Polenta auf einem feuchten Arbeitsbrett ausstreichen und auskühlen lassen.

Quadrate formen, auf den Grill geben und warten, bis sie goldgelb sind.

Vom Grill nehmen, mit Frischkäse bestreichen und servieren.

Kalte Chinakohlröllchen

Zutaten für 4 Portionen:

- 1 kleiner Chinakohl
- 400 g Schafskäse
- 1 Mozzarellakugel, fettreduziert
- 1 kleine Zucchini
- 1 Knoblauchzehe
- 3 EL Mayonnaise, fettreduziert und zuckerfrei
- 1 Pck. Salatfertigmischung
- Olivenöl
- Wasser

Zubereitung:

Schafskäse, Mozzarella und gepressten Knoblauch mit der Mayonnaise pürieren. Zucchini putzen und auf einer Küchenreibe raspeln. Portionsweise auf die Chinakohlblätter geben, dann diese einrollen.

Salatdressing entsprechend der Packungsbeschreibung mit Öl und Wasser anrühren.

Die Kohlröllchen in einer Schüssel schichten, über jede Schicht Salatdressing und Zucchiniraspeln verteilen.

Im Kühlschrank ca. 12 Stunden ziehen lassen. Am nächsten Tag als kalte Beilage zum Grillen reichen.

Zutaten für 4 Portionen:

- 2 Paprikaschoten
- 2 Tomaten
- 4 Lauchzwiebeln
- 100 g Feta
- frische Kräuter nach Wahl
- Salz
- Pfeffer

Zubereitung:

Paprikaschoten waschen, längs halbieren und entkernen.

Tomaten, Lauchzwiebeln und Feta klein schneiden, Gewürze und Kräuter beigeben und gut vermischen.

Mit der entstandenen Masse die Paprikahälften befüllen und diese ca. 15 Minuten auf den Grill setzen.

Schafskäse mit buntem Gemüse

Zutaten für 4 Portionen:

- 300 g Schafskäse
- 1 gelbe Zucchini
- 1 grüne Zucchini
- 3 große Tomaten
- 2 Frühlingszwiebeln
- 4 Artischockenherzen (aus Glas oder Dose)
- 1 Zitrone, 2 Knoblauchzehen
- 2 Thymianzweige
- Salz, Pfeffer, Alufolie

Zubereitung:

Zucchini längs halbieren und in Scheiben schneiden. Die Tomaten mit kochendem Wasser überbrühen, 1-2 Minuten ziehen lassen und unter kaltem Wasser abspülen, um sie so besser häuten zu können. Dann halbieren, mit einem Löffel entkernen und in Spalten schneiden. Die Frühlingszwiebeln putzen und in feine Ringe schneiden, Knoblauch fein hacken. Die Artischockenherzen abtropfen und achteln. Thymian waschen, trocknen und die Blättchen abstreifen. Die vorbereiteten Zutaten in eine Schüssel geben, mit Salz und Pfeffer würzen und mischen. Vier Alufolien auslegen, das Gemüse auf die selbigen geben, mittig platzieren. Schafskäse in 4 Teile schneiden und auf das Gemüse legen. Die Zitrone heiß abspülen, abtrocknen und in dünne Scheiben schneiden. Ebenfalls auf die Alufolien verteilen. Die Alufolien zu kleinen Päckchen falten, auf dem Grill ca. 10 Minuten garen lassen und heiß servieren.

Gemüseröllchen mit Mozzarella-Füllung

Zutaten für 6 Portionen:

- 2 Auberginen
- 2 Zucchini
- 2 Mozzarellakugeln, fettreduziert
- je 2 Zweige Rosmarin und Thymian
- ½ Bund Basilikum
- 3 EL Tomatenpesto
- 4 EL Olivenöl
- Salz
- Pfeffer
- Holzspieße

Zubereitung:

Auberginen und Zucchini längs in ca. 1 cm dicke Scheiben schneiden.

Salzwasser mit Rosmarin und Thymian aufkochen und die Auberginen ca. 4 Minuten, die Zucchini ca. 2 Minuten bei schwacher Hitze vorgaren. Danach das Gemüse abtropfen lassen.

Mozzarella in 4 cm lange Stifte schneiden. Mit Pfeffer und grob gehacktem Basilikum verrühren.

Das Gemüse mit Salz und Pfeffer würzen und je eine Hälfte der Gemüsestreifen dünn mit Pesto bestreichen und einen Mozzarellastift darauf legen. Das Gemüse um den Käse rollen und mit einem Holzspieß feststecken.

Die Gemüseröllchen mit Öl bestreichen und auf dem Grill von beiden Seiten gut anbraten, bis der Käse zu schmelzen beginnt.

Zucchini-Schafskäse

Zutaten für 4 Portionen:

- 2 Pck. Schafskäse
- 2 Zucchini
- 3 Lauchzwiebeln
- ½ Bund Basilikum
- 2,5 EL Olivenöl
- Pfeffer
- 4 Stck. Alufolie

Zubereitung:

Zucchini und Schafskäse in Scheiben schneiden.

Lauchzwiebeln putzen und in fingerlange Stücke schneiden. Die Basilikumblättchen von den Stielen zupfen.

Zutaten auf die eingefettete Alufolie geben, zum Schluss Olivenöl darüber träufeln und mit Pfeffer würzen.

Gut verschließen und ca. 15 Minuten auf dem Grill garen lassen.

Gefüllte Auberginen

Zutaten für 4 Portionen:

- 3 Auberginen
- 3 Tomaten
- 2 Minzezweige
- 200 g Ziegenkäse
- 10 Tomaten, in Öl getrocknet
- 1 Handvoll Walnüsse
- 1EL Honig
- 1 EL Öl (von den Tomaten)
- 3 Knoblauchzehen
- Olivenöl

Zubereitung:

Auberginen durchschneiden und innen aushöhlen.

Knoblauch pressen, die Hälfte davon mit Olivenöl und etwas Salz vermengen und das Innere der Auberginen damit bepinseln. Getrocknete sowie frische Tomaten würfeln (getrocknete in kleinere Würfel schneiden). Minzblätter und Nüsse fein hacken, den Käse reiben. Mit dem restlichen Knoblauch, Honig, und Tomatenöl vermischen. Auberginen mit der Haut nach oben für 10 Minuten auf den Grill geben. Auberginen mit der Füllung versehen, dann 10 Minuten mit der Haut nach unten auf den Grill legen.

Tomaten mit Schafskäse

Zutaten für 4 Portionen:

- 4 Tomaten
- 1 Zwiebel
- 16 Oliven, entkernt
- 100 g Schafskäse
- 2 Knoblauchzehen
- etwas Olivenöl
- 4 Stck. Alufolie (ca. 20 x 20 cm)

Zubereitung:

Tomaten und Zwiebel halbieren und in Scheiben schneiden.

Schafskäse und Knoblauch würfeln und mit den restlichen Zutaten vermischen.

Gleichmäßig auf die mit Öl bepinselte Alufolie geben.

Etwas Olivenöl darüber träufeln, gut verschließen und ca. 10 Minuten auf den Grill legen.

Frischkäse in Spitzpaprika

Zutaten für 4 Portionen:

- 4 rote Spitzpaprika
- Olivenöl
- 250 g Frischkäse, fettreduziert
- 1 Ei
- 1 Handvoll Schnittlauch
- 2 Stängel Petersilie
- 6 grüne Oliven, entkernt
- 50 g Parmesan
- Salz
- Pfeffer

Zubereitung:

Den oberen Teil der Paprikaschoten als Deckel abschneiden und entkernen.

Mit Öl bestreichen und auf dem Grill von allen Seiten rösten.

Für die Füllung das Ei mit Käse und fein gehackten Kräutern und Oliven vermengen, mit Salz und Pfeffer abschmecken.

Paprika vom Grill nehmen und mit der Käse-Masse befüllen. Dann erneut mit Füllung für weitere ca. 15 Minuten grillen, dabei mehrmals wenden.

Gegrillte Zucchini mit Camembert-Füllung

Zutaten für 4 Portionen:

- 4 große Zucchini
- 2 Zwiebeln
- 2 Knoblauchzehen
- 2 Pakete Camembert
- 2 TL Salz
- 2 TL Pfeffer
- 2 TL Paprikapulver
- 2 Handvoll Schnittlauch
- 2 Stängel Petersilie
- Alufolie

Zubereitung:

Camembert und Zwiebeln in kleine Würfel schneiden.

Knoblauch und Kräuter fein hacken und mit Camembert und Zwiebeln vermischen.

Zucchini längs teilen und aushöhlen. Beide Hälften befüllen und vorsichtig aufeinandersetzen.

Zucchini mit Alufolie umwickeln, für wenige Minuten auf den Grill geben und zwischendurch wenden.

Spieße mit Zucchini und Käse

Zutaten für 4 Portionen:

- 350 g Schafskäse
- 2 Zucchini
- 12 Cocktailtomaten
- 80 ml Olivenöl
- 5 Tropfen Zitronensaft
- 2 TL Oregano
- Salz
- Pfeffer
- Spieße

Zubereitung:

Schafskäse in 1 cm dicke Würfel schneiden und in eine flache Schale legen.
Für die Marinade Öl mit Zitronensaft, Oregano, Salz und Pfeffer verrühren. Schafskäse mit der Marinade bestreichen und zugedeckt im Kühlschrank ca. 1 Stunde ziehen lassen. Zucchini längs in dünne Scheiben hobeln und den Käse damit einwickeln.
Die Käsepäckchen abwechselnd mit den Tomaten auf die Spieße stecken.

Spieße ca. 4 Minuten grillen, zwischendurch wenden und mit der übrig gebliebenen Marinade bestreichen.

Gemüsespieße mit Ziegenkäse-Päckchen

Zutaten für 4 Portionen:

- 150 g Zucchini
- 150 g Paprikaschote
- 150 g Cocktailtomaten
- 6 Ziegenfrischkäse-Taler (à ca. 50 g)
- 2 Thymianzweige
- 2 EL Olivenöl
- 1 TL Honig
- Salz
- Pfeffer
- 4 Holzspieße
- Alufolie (20 x 20 cm)

Zubereitung:

Holzspieße für 30 Minuten ins Wasser geben. Zucchini und Paprikaschote waschen, putzen und in grobe Stücke schneiden. Abwechselnd mit den Tomaten auf die Holzspieße stecken und würzen. Alufolie mit Olivenöl bestreichen und mit Käsetalern und fein gehacktem Thymian belegen. Mit restlichem Öl und Honig beträufeln und Päckchen formen. Gemüsespieße und Käse-Päckchen ca. 8 Minuten auf den heißen Grill geben.
Spieße gelegentlich wenden.

GEMÜSE MIT TOFU

Gemüsespieße mit Tofu

Zutaten für 2 Portionen:

- ½ rote Paprikaschote
- 200 g Tofu
- 2 Frühlingszwiebeln
- 6 Cocktailtomaten
- 2 EL Sojasoße
- 2 EL Wasser
- 2 TL Zitronensaft
- 2 EL Öl
- Spieße

Zubereitung:

Paprikaschote putzen, entkernen und in mundgerechte Stücke schneiden. Frühlingszwiebeln ebenfalls putzen und in fingerlange Stücke schneiden.

Tofu trockentupfen und in 3 cm große Würfel schneiden. Alle Zutaten abwechselnd auf die Spieße stecken.

Für die Marinade Öl mit Sojasoße, Zitronensaft und Wasser verrühren.
Die Spieße ca. 8 Minuten grillen, gelegentlich wenden und marinieren.

Kohlrabi mit Tofufüllung

Zutaten für 8 Portionen:

- 8 Kohlrabis
- 3 EL Olivenöl
- 400 g Tofu
- 2 große Zwiebeln
- 1 Becher Créme fraîche, fettreduziert
- 200 g Käse, gerieben und fettreduziert
- Salz
- Pfeffer

Zubereitung:

Kohlrabis schälen und in Wasser weich kochen. Den oberen Teil als Deckel abschneiden und das Innere bis auf 0,5 cm Wanddicke aushöhlen.

Fruchtfleisch und Tofu klein schneiden und mit etwas Olivenöl in einer Grillschale anrösten.

Zwiebeln würfeln und nach ca. 10 Minuten hinzugeben, mit Salz und Pfeffer würzen.

Die Mischung in die ausgehöhlten Kohlrabis füllen, nacheinander Käse und Créme fraîche darüber verteilen.

Tofuspieße in Kokosmilch

Zutaten für 4 Portionen:

- 1 Dose Kokosmilch
- 400 g Tofu
- ½ Limette, Saft davon
- 3 TL Sojasoße
- 6 TL Tomatenmark
- 1 TL Honig, flüssig
- Sesamöl
- Kokosöl
- 8 Holzspieße

Zubereitung:

Kokosmilch cremig rühren und in eine flache Form geben.

Tofu gleichmäßig in 8 längliche Stücke schneiden, in die Kokosmilch legen und ca. 3 Stunden ziehen lassen.

Limettensaft, Sojasoße Tomatenmark, Honig und ein paar Tropfen Sesamöl verrühren.

Tofu aus der Kokosmilch nehmen und auf Spieße stecken. Mit etwas Kokosöl bepinseln und für 2 Minuten auf den Grillrost legen. Mit der restlichen Marinade servieren.

Tofuwürfel in Senf-Marinade

Zutaten für 2 Portionen:

- 400 g Tofu
- 8 EL Senf
- 1 EL Honig, flüssig
- 1 Zitrone, Saft davon
- 1 EL Öl
- 1 kleine Zwiebel
- Salz
- Pfeffer
- Zimt

Zubereitung:

Für die Marinade Zitronensaft mit Senf, Öl und Honig verrühren.

Zwiebel würfeln und der Marinade beifügen. Mit Pfeffer, Salz und Zimt abschmecken.

Tofu würfeln und in die Marinade geben, dann 1 Tag ziehen lassen.

Tofu aus der Marinade herausnehmen, in einer Grillschale ca. 10 Minuten grillen.

Zucchini-Spieße mit Tofucreme

Zutaten für 4 Portionen:

- 2 Zucchini
- 500 g Tofu
- 60 g getrocknete Tomaten (in Öl eingelegt)
- 100 ml Orangensaft
- 50 g Joghurt
- 50 g Créme fraîche, fettreduziert
- 1 EL Senf
- ½ Kästchen Kresse
- Salz
- Pfeffer
- Spieße

Zubereitung:

Für die Marinade Orangensaft mit Senf sämig einkochen und mit Salz und Pfeffer würzen.

Zucchini, Tomaten und die Hälfte vom Tofu in mundgerechte Stücke schneiden und abwechselnd auf die Spieße stecken. Mit der Marinade bestreichen. Den restlichen Tofu in kleine Stücke schneiden und mit Créme fraîche und Joghurt pürieren. Kresse unterziehen, mit Salz und Pfeffer abschmecken.

Spieße in eine Grillschale geben und auf dem Grill zubereiten. Mit der Tofucreme anrichten.

Tofuburger mit Rote Bete

Zutaten für 4 Portionen:

- 2 vorgegarte Rote Bete
- 300 g Tofu
- 2 Möhren
- 30 g gehackte Walnüsse
- 5 EL Olivenöl
- 3 EL Gemüsebrühe, hefefrei
- 4 Blätter grüner Salat
- 4 Baguette-Brötchen
- ½ Kästchen Kresse
- etwas Zitronensaft
- etwas Paprikapulver
- Salz
- Pfeffer

Zubereitung:

Rote Bete in grobe Stücke schneiden und mit der Brühe, den Nüssen und Öl pürieren. Mit Zitronensaft, Salz und Pfeffer abschmecken. Tofu und Möhren in dünne Scheiben schneiden. Brötchen längs aufschneiden und von beiden Seiten auf dem Grill anrösten. Tofu und Möhren in einer Grillschale auf dem Grill garen. Die Baguettehälften mit der Rote-Bete-Creme bestreichen. Nacheinander mit Salat, Tofu, Möhren und Kresse belegen, mit der oberen Hälfte abdecken.

Gemischtes Gemüse mit Tofu

Zutaten für 4 Portionen:

- 200 g Tofu
- 1 gelbe Paprikaschote
- 1 Frühlingszwiebel
- 200 g Cocktailtomaten
- 1 Knoblauchzehe
- 3 Stängel Petersilie
- 1 EL Honig, flüssig
- 5 EL Sojasoße
- 5 EL Sonnenblumenöl
- 3 EL Wasser
- 1 EL Limettensaft
- 1 Stck. Ingwer
- 4 Stck. Alufolie

Zubereitung:

Für die Marinade Limettensaft mit Öl, Sojasoße, Honig, gepresstem Knoblauch, geriebenem Ingwer und gehackter Petersilie verrühren.
Tofu in 1 cm große Würfel schneiden und im Kühlschrank 2 Stunden in der Marinade ziehen lassen.
Paprikaschote und Frühlingszwiebel putzen und in feine Streifen schneiden.
Die Tomaten halbieren.
Das Gemüse mit Tofuwürfeln und Marinade gleichmäßig auf Alufolien verteilen.
Gut verschließen und ca. 15 Minuten grillen.

FLEISCH UND WURST

Hinweis: Gicht-Patienten sollten besonders bei Fleisch auf die Portionsgrößen achten, purinarme Beilagen essen und beim Grillen nicht zu Alkohol und Softdrinks greifen.

Kartoffelsalat mit Fleischwurst

Zutaten für 2 Portionen:

- 300 g Kartoffeln
- 120 g Fleischwurst
- 1 Frühlingszwiebel
- 1 rote Zwiebel
- 4 Radieschen
- 2 EL Petersilie, grob gehackt
- ½ TL Senf
- 3 EL Sonnenblumenöl
- 2 EL Essig
- Salz
- Pfeffer

Zubereitung:

Kartoffeln gründlich waschen und als Pellkartoffeln ca. 30 Minuten in leicht gesalzenem Wasser gar kochen.
Zwiebel, Radieschen und Fleischwurst in kleine Würfel, Frühlingszwiebel in feine Ringe schneiden.

Kartoffeln etwas abkühlen lassen und Schale abziehen, dann in Würfel schneiden. Öl mit Essig, Senf, Salz und Pfeffer verrühren.
Alle Zutaten in eine Schüssel geben, gründlich umrühren und ca. 30 Minuten im Kühlschrank ziehen lassen.

Blutwurst mit Zwiebeln

Zutaten für 4 Portionen:

- 4 Blutwürste
- 2 Zwiebeln
- 2 EL Olivenöl

Zubereitung:

Zwiebeln halbieren und in Ringe schneiden.

Blutwürste in eine eingefettete Grillschale geben, das restliche Öl und die Zwiebeln darüber verteilen.

Auf dem Grill ca. 10 Minuten garen.

Hackfleisch-Spieße

Zutaten für 8 Portionen:

- 2 Zwiebeln
- 1 Möhre
- 400 g gemischtes Hackfleisch
- 2 EL Senf
- ½ EL Honig, flüssig
- 2 Eier
- 6 EL Paniermehl
- 1 Stängel Petersilie, fein gehackt
- Paprikapulver
- Salz
- Pfeffer
- 8 Spieße

Für die Marinade:

- 4 EL Ketchup, zuckerfrei
- ½ EL Honig
- 1 kleine Zwiebel, fein gehackt
- 1 EL Balsamico-Essig
- 1 EL Pflanzenöl
- 2 Knoblauchzehen
- 1 Stck. Ingwer
- Paprikapulver
- Salz
- Pfeffer

Zubereitung:

Für die Marinade Essig mit Öl, Ketchup und Honig verquirlen, die restlichen Zutaten unterrühren.

Knoblauch durch eine Presse drücken, geschälten Ingwer fein hacken.

Zwiebeln und Möhre fein würfeln. Alles mit Hackfleisch, Eiern, Paniermehl, Petersilie und Senf in eine Schüssel geben und gut verkneten. Mit den Gewürzen abschmecken.

Die Masse gleichmäßig auf 8 Spieße verteilen. Festdrücken und ca. 10 Minuten grillen. Zwischendurch wenden und mit der Marinade bestreichen.

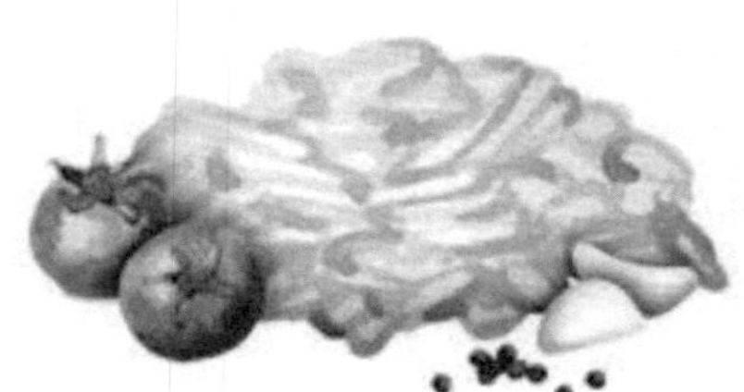

Hähnchenfilet mit Tzatziki

Zutaten für 4 Portionen:

- 600 g Hähnchenbrustfilet
- 500 g Magerquark
- 1 Salatgurke
- 4 Knoblauchzehen
- 3 EL Olivenöl
- 4 Scheiben Weißbrot
- Paprikapulver
- Salz
- Pfeffer

Zubereitung:

Gurke längs halbieren und mit einem Löffel ausschaben. Auf einer Reibe in feine Streifen hobeln.

Mit Quark, 1,5 EL Olivenöl und dem gepressten Knoblauch verrühren. Mit Gewürzen abschmecken und etwas ziehen lassen.

Hähnchenbrustfilets in mundgerechte Stücke schneiden. In eine Grillschale geben und mit dem restlichen Olivenöl goldbraun grillen. Mit Gewürzen abschmecken.
Brotscheiben auf dem Grill beidseitig anrösten.

Rührei-Schinken-Muffins

Zutaten für 12 Muffins:

- 12 Eier
- 250 g gekochter Schinken am Stück
- 3 Tomaten
- 180 g geriebener Käse, fettreduziert
- Pflanzenöl
- Salz
- Pfeffer
- Muffinform

Zubereitung:

Eier mit Salz und Pfeffer verquirlen.
Schinken, Tomaten und Zwiebel in feine Würfel schneiden. Mit Käse und Eiern verrühren.

Gleichmäßig in die eingefettete Muffinform geben.
Muffinform auf den Grill stellen und wenige Minuten grillen, bis die Eimasse gestockt ist.

Hackfleisch-Würstchen

Zutaten für 4 Portionen:

- 500 g gemischtes Hackfleisch
- 1 Zwiebel
- 50 ml Sahne, fettreduziert
- 3 EL Paniermehl
- 50 g Schafskäse
- 2 Knoblauchzehen
- 2 Stängel Petersilie
- je 1 TL Paprika- und Currypulver
- Pflanzenöl zum Einfetten
- Salz
- Pfeffer

Zubereitung:

Schafskäse, Zwiebel, Petersilie und Knoblauch fein hacken. Mit Hackfleisch und den weiteren Zutaten verkneten.

Aus der Masse fingerlange Würstchen formen und in eine gut eingefettete Grillpfanne geben.

Auf dem Grill ca. 12 Minuten garen, zwischendurch wenden.

Fleischwurst-Toast

Zutaten für 2 Portionen:

- 150 g Fleischwurst
- ½ Tomate
- 2 Eier
- 2 große Toastbrotscheiben
- etwas Öl
- etwas Butter
- Salz
- Pfeffer

Zubereitung:

Fleischwurst und Tomate in Scheiben schneiden.

Fleischwurst und Eier in eine mit Öl auf mittlere Temperatur erhitzte Grillpfanne geben (ggf. 2 separate Pfannen benutzen) und wenige Minuten grillen. Tomaten nur kurz andünsten, alles mit Salz und Pfeffer würzen.

Toastscheiben auf dem Grill anrösten, mit Butter bestreichen, dann nacheinander mit Tomaten, Fleischwurst und Spiegeleiern belegen.

Gefüllte Putenbrustfilets

Zutaten für 4 Portionen:

- 4 Putenbrustfilets (je 120 g)
- 4 EL geriebener Käse (z. B. Emmentaler)
- 3 EL Olivenöl
- 4 Salbeiblätter
- ½ Zitrone, Saft davon
- Salz
- Pfeffer
- Holzspieße

Zubereitung:

Putenfilets längsseitig einschneiden. Das Innere mit Salz und Pfeffer würzen.

Den Käse anteilig mit jeweils einem Salbeiblatt in die Taschen füllen. Mit Holzspießen verschließen.

Für die Marinade Olivenöl mit Zitronensaft verquirlen und die Filets damit bestreichen.

Auf den Grill legen und garen, gelegentlich wenden und mehrmals mit der Marinade bestreichen.

Eier im Hackfleischmantel

Zutaten für 4 Portionen:

- 8 Eier
- 400 g gemischtes Hackfleisch
- 1 Zwiebel
- 1 TL Paprikapulver
- Salz
- Pfeffer

Zubereitung:

Eier ca. 5 Minuten kochen, sodass sie außen fest, aber innen noch etwas weich sind.

Zwiebel fein hacken und mit Hackfleisch und Gewürzen verkneten. Auf einer Arbeitsplatte flach ausrollen und 8 gleichgroße Stücke schneiden. Die gepellten Eier darin einrollen, sodass diese umhüllt sind.

Auf dem Grill ca. 15 Minuten garen, zwischendurch wenden.

Gegrilltes Sandwich

Zutaten für 4 Portionen:

- 8 Weißbrotscheiben
- 1 Zwiebel
- 2 Tomaten
- 200 g gekochter Schinken
- 200 g Edamer, fettreduziert
- ½ Kästchen Kresse
- Kräuterbutter
- Salz
- Pfeffer

Zubereitung:
Tomaten und Zwiebel in dünne Scheiben schneiden. Kresse vom Beet schneiden.

Brotscheiben mit Kräuterbutter bestreichen. Die Hälfte der Brotscheiben auf der nicht bestrichenen Seite nacheinander mit Schinken, Tomaten, Zwiebeln, Kresse und Käse belegen. Mit den übrigen Brotscheiben abdecken.

Auf den Grill setzen und wenige Minuten garen bis der Käse zerlaufen ist.

Rindersteak mit Zucchinis

Zutaten für 2 Portionen:

- 200 g Rindersteak
- 1 Zucchini
- 1 EL Zitronensaft
- Salz
- Pfeffer

Zubereitung:
Das Rindersteak beidseitig auf dem Grill garen, mit Zitronensaft, Salz und Pfeffer würzen.

Zucchini in dicke Scheiben schneiden und ebenfalls beidseitig grillen.

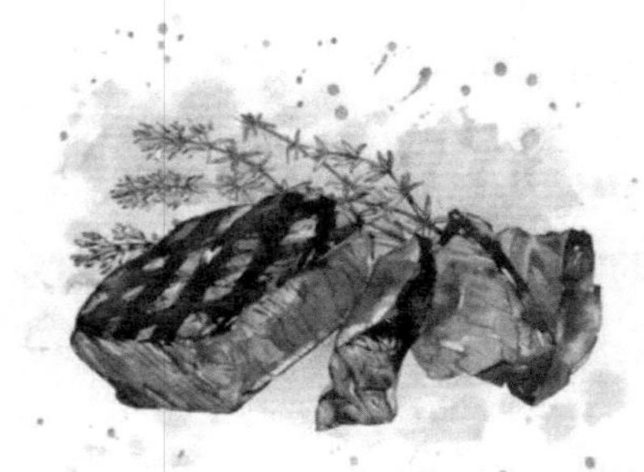

Puten-Ananas-Spieße

Zutaten für 4 Portionen:

- 4 Putenschnitzel (je 120 g)
- 2 Scheiben Ananas
- 3 EL Olivenöl
- 1 Knoblauchzehe, fein gehackt
- Salz
- Pfeffer
- Spieße

Zubereitung:

Putenschnitzel und Ananas in mundgerechte Stücke schneiden. Abwechselnd auf die Spieße stecken.
Für die Marinade die restlichen Zutaten verquirlen und die Spieße damit bestreichen.
Auf den Grill legen und ca. 10 Minuten auf dem Grill garen lassen, zwischendurch mit der Marinade bestreichen.

Hackfleisch-Schnittchen

Zutaten für 8 Portionen:

- 300 g gemischtes Hackfleisch
- 120 g Schafskäse
- 1 EL Tomatenmark
- 1 Ei
- 8 Toastscheiben
- Salz
- Pfeffer

Zubereitung:

Schafskäse fein hacken und mit Hackfleisch, Ei und Tomatenmark verkneten.
Mit Salz und Pfeffer würzen.

Die Brotscheiben einseitig bestreichen, dabei das Hackfleisch fest auf die Brotscheiben drücken.

Mit der Hackfleischseite nach unten grillen, bis das Hackfleisch fast gar ist, danach wenden und kurz die Unterseite anrösten.

Gurkensalat mit Rinderfilet

Zutaten für 2 Portionen:

- 200 g Rinderfilet
- 100 g Salatgurke
- 4 Radieschen
- 1 Zwiebel
- 1 TL Balsamico-Essig
- 1 TL Zitronensaft
- Olivenöl
- 2 EL Wasser
- 2 Stängel Petersilie
- Salz
- Pfeffer

Zubereitung:

Rinderfilet beidseitig auf dem Grill garen.

Gurke und Radieschen auf einer Reibe fein raspeln.
Zwiebel und Petersilie fein hacken.

Für das Dressing Essig mit Öl, Zitronensaft, Wasser, Salz und Pfeffer verrühren.
Rinderfilet in mundgerechte Stücke schneiden und mit dem Gemüse in eine Schüssel geben. Das Dressing unterrühren.

Gegrillte Fleischspieße

Zutaten für 2 Portionen:

- 250 g Rindersteak
- 2 Zwiebeln
- 1 Zucchini
- Knoblauchpulver
- Salz
- Pfeffer
- Spieße

Zubereitung:

Das Rindersteak in mundgerechte Stücke, Zwiebeln und Zucchini in dicke Scheiben schneiden.
Abwechselnd auf die Spieße stecken und mit Knoblauchpulver, Salz und Pfeffer würzen. Auf dem Grill ca. 10 Minuten garen.

Putenbrust-Spieße

Zutaten für 2 Portionen:

- 4 Putenbrustfilets
- 4 Zwiebeln
- 12 Cocktailtomaten
- 1 Zucchini
- Sojasoße
- Salz
- Pfeffer
- Spieße

Zubereitung:

Putenbrustfilets in mundgerechte Stücke schneiden.

Zucchini und Zwiebeln in Scheiben schneiden und abwechselnd mit Putenfleisch und Tomaten auf die Spieße stecken.

Mit Sojasoße bestreichen, mit Salz und Pfeffer würzen.

Auf dem Grill ca. 15 Minuten garen, gelegentlich wenden.

Gemischter Fleischsalat

Zutaten für 2 Portionen:

- 120 g gekochtes Rinderfilet
- 1 saurer Apfel
- 1 Möhre
- 1 Zwiebel
- 2 Gewürzgurken
- 1 Ei
- 1 EL Essig
- 1 TL Senf
- 2 EL Mayonnaise, fettreduziert
- etwas Wasser
- Salz
- Pfeffer

Zubereitung:

Eier hart kochen und erkalten lassen.

Rinderfilet in feine Streifen, Ei, Zwiebel und Gurken in kleine Würfel schneiden.

Möhre und Apfel schälen und ebenfalls würfeln.

Mayonnaise mit Senf, Essig, Wasser, Salz und Pfeffer verrühren.

Alle Zutaten in eine Schüssel geben und gut umrühren.

Fleischwurst mit Kartoffeln

Zutaten für 2 Portionen:

- 4 große vorgegarte Kartoffeln
- 200 g Fleischwurst
- 3 Gewürzgurken
- 10 Cocktailtomaten
- 1 EL Pflanzenöl
- Paprikapulver
- Salz
- Pfeffer

Zubereitung:

Kartoffeln und Fleischwurst in Würfel schneiden, mit dem Öl in eine Grillschale geben und ca. 10 Minuten garen.

Tomaten halbieren, Gurken in Scheiben schneiden. In die Grillschale geben und weitere 5 Minuten garen.

Mit den Gewürzen abschmecken.

Nudelsalat mit Fleischwurst

Zutaten für 2 Portionen:

- 150 g Nudeln
- 5 Gewürzgurken
- 100 g Fleischwurst
- 2 Eier
- ½ TL Senf
- 5 EL Joghurt, fettreduziert
- 1 EL Mayonnaise, fettreduziert
- Salz
- Pfeffer

Zubereitung:

Nudeln in Salzwasser ca. 12 Minuten gar kochen. Abschütten, abschrecken und gut abtropfen lassen.

Eier hart kochen, erkalten lassen, pellen und in kleine Würfel schneiden.

Fleischwurst und Gurken ebenfalls würfeln.

Joghurt mit Senf und Mayonnaise verrühren.
Alle Zutaten in eine Schüssel geben und gründlich umrühren. Mit Salz und Pfeffer abschmecken. Im Kühlschrank mindestens 1 Stunde durchziehen lassen.

MARINADEN UND DIPS

Schafskäse-Creme

Zutaten:

- 1 Pck. Schafskäse
- 125 g Frischkäse, fettreduziert
- 3 EL Tomatenmark
- 2 Knoblauchzehen
- 2 Stängel Petersilie
- 1 Prise Paprikapulver

Zubereitung:

Petersilie und Knoblauch fein hacken. Schafskäse mit einer Gabel zerdrücken, mit Frischkäse und Tomatenmark cremig rühren.
Petersilie, Knoblauch und Gewürze hinzugeben.

Im Kühlschrank mindestens 1 Stunde ziehen lassen.

Kräuter-Knoblauchmus

Zutaten:

- 3 Knoblauchknollen
- 2 Rosmarinzweige
- 2 Thymianzweige
- 1 Handvoll Basilikumblätter
- 6 EL Olivenöl
- Salz
- Pfeffer
- Alufolie

Zubereitung:

Knoblauchknollen ungeschält auf Alufolie legen und mit 2 EL Olivenöl beträufeln.

Die Kräuter hinzulegen und die Alufolie verschließen.

Auf den Grill legen und ca. 20 Minuten rösten.

Etwas abkühlen lassen, die Zehen aus den Knollen lösen und mit den Fingern aus der Schale drücken.
Mit einer Gabel zerdrücken und mit dem restlichen Olivenöl, Salz und Pfeffer verrühren.
Basilikumblätter fein hacken und beimengen.

Senf-Marinade

Zutaten:

- 3 Knoblauchzehen
- 2 EL körniger Senf
- 1 EL Honig, flüssig
- 1 EL Pflanzenöl
- 1 – 2 EL Wasser
- 1 EL italienische Kräutermischung
- Salz
- Pfeffer

Zubereitung:

Knoblauch durch eine Presse drücken.

Honig mit Senf, Öl und Wasser verquirlen, Knoblauch und Kräuter beimengen, mit Salz und Pfeffer abschmecken.

Schmeckt zu Grillgemüse und Geflügel.

Kräuterquark-Dip

Zutaten für 4 Portionen:

- 200 g Magerquark
- 1 Becher Joghurt, fettreduziert
- 2 EL Créme fraîche, fettreduziert
- 2 Stängel Petersilie
- 2 Basilikumblätter
- ½ Kästchen Kresse
- Paprikapulver
- Salz
- Pfeffer

Zubereitung:

Quark mit Joghurt und Créme fraîche cremig rühren.

Basilikum, Petersilie und Kresse fein hacken und unterziehen.

Mit den Gewürzen abschmecken.

Oliven-Joghurt-Dip

Zutaten:

- 400 g Joghurt, fettreduziert
- ½ Bund Petersilie
- 3 Knoblauchzehen
- 1 EL Olivenöl
- 2 EL Oliven, entkernt
- 1 TL Salz
- Pfeffer

Zubereitung:

Joghurt mit Salz verrühren, ca. 20 Minuten ziehen lassen.
Petersilie, Knoblauch und Oliven fein hacken und mit Olivenöl und Pfeffer zum Joghurt geben.

Tzatziki mit sauren Gurken

Zutaten:

- 250 g Magerquark
- 1 Becher Joghurt, fettreduziert
- ½ Salatgurke
- 6 Gewürzgurken
- 3 Knoblauchzehen
- 1 TL frisch gehacktes Dillkraut
- 2 EL Olivenöl
- Paprikapulver
- Salz
- Pfeffer

Zubereitung:

Gurke längs halbieren, ausschaben und raspeln.

Die Gewürzgurken ebenfalls raspeln.

Knoblauch durch eine Presse drücken.

Joghurt mit Quark und Öl verrühren. Gurken und Dill hinzugeben, mit Paprikapulver, Salz und Pfeffer abschmecken. Im Kühlschrank einige Stunden ziehen lassen.

Gegrillter Avocado-Dip

Zutaten:

- 1 essreife Avocado
- 1 Zwiebel
- 1 Limette, Saft davon
- 2 EL Joghurt
- 3 Stängel Petersilie
- 2 EL Olivenöl
- Salz
- Pfeffer

Zubereitung:

Avocado halbieren und entkernen, Zwiebel schälen und vierteln. Beides mit der Schnittfläche 5 Minuten auf den Grill legen.

Das Avocado-Fruchtfleisch auslöffeln und in eine Schüssel geben. Mit Limettensaft beträufeln und mit einer Gabel zerdrücken.

Die gegrillte Zwiebel und Petersilie grob hacken. Mit Joghurt, Salz und Pfeffer unter die Avocado rühren.

Mango-Relish

Zutaten:

- 200 g essreife Mango
- ½ EL Essig
- 1 Knoblauchzehe
- 1 Stck. Ingwer
- 1 TL Öl
- 1 Prise Zucker
- Salz
- Pfeffer

Zubereitung:

Knoblauch und Ingwer schälen und fein hacken und in einer mit Öl erhitzten Pfanne anschwitzen.
Mango in kleine Würfel schneiden und hinzugeben. Mit Essig ablöschen.
Abkühlen lassen, kalt stellen und anschließend mit Salz, Pfeffer und Zucker abschmecken.
Schmeckt zu herzhaften Grillgerichten.

Ahornsirupsoße süß-sauer

Zutaten:

- 3 EL Ahornsirup
- 1 EL Sojasoße
- 2 Knoblauchzehen
- 1 EL Senf
- 1 EL Tomatenmark
- 1 EL Sesamöl
- 1 EL Balsamico-Essig
- 1 EL Zitronensaft
- 2 EL Wasser
- 1 TL Oregano
- ½ TL Paprikapulver
- Salz
- Pfeffer

Zubereitung:

Knoblauch durch eine Presse drücken.

Ahornsirup mit Sojasoße, Wasser, Zitronensaft, Senf, Tomatenmark und Öl verquirlen.

Knoblauch beimengen, mit Oregano, Salz und Pfeffer abschmecken.

Schmeckt zu Grillgemüse und Geflügel.

Gurkensalsa

Zutaten:

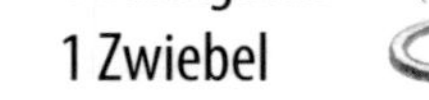

- 1 Salatgurke
- 1 Zwiebel
- 2 EL Ahornsirup
- 5 EL Sesamöl
- ½ Zitrone, Saft davon
- Salz
- Pfeffer

Zubereitung:

Zwiebel klein hacken und in Öl anschwitzen.
Zitronensaft und Ahornsirup hinzugeben, mit Salz und Pfeffer abschmecken und abkühlen lassen.

Gurke schälen und in kleine Würfel schneiden. Mit dem Zwiebelmix verrühren und im Kühlschrank ca. 1 Stunde ziehen lassen.

Camembert-Dip

Zutaten für 4 Portionen:

- 150 g Camembert, fettreduziert
- 150 g Magerquark
- 1 große Zwiebel
- 6 EL Milch, fettreduziert
- 4 EL Créme fraîche, fettreduziert
- 1 Handvoll Schnittlauch
- Paprikapulver
- Salz
- Pfeffer

Zubereitung:

Camembert in grobe Stücke schneiden. Mit Créme fraîche, Milch und Magerquark pürieren.

Zwiebel und Schnittlauch fein hacken und unterziehen.

Mit den Gewürzen abschmecken.

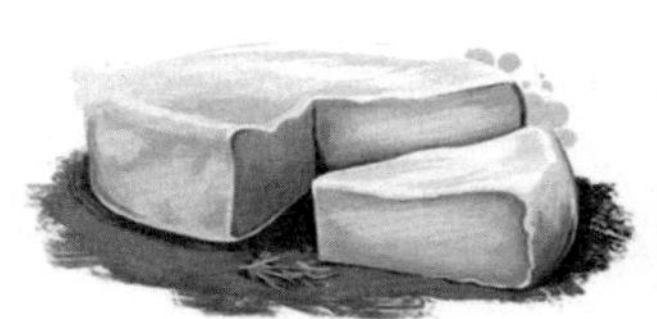

Zutaten:

- 1 Knoblauchzehe
- 2 EL Milch
- 100 ml Sonnenblumenöl
- 2 EL Joghurt
- etwas Zitronensaft
- Salz
- Pfeffer

Zubereitung:

Knoblauch durch eine Presse drücken und mit der Milch pürieren.

Das Öl in einem feinen Strahl hinzugießen.

Mit Joghurt verrühren, mit Zitronensaft, Salz und Pfeffer abschmecken.

Hüttenkäse mit Apfel

Zutaten für 4 Portionen:

- 250 g Hüttenkäse, fettreduziert
- 2 saure Äpfel
- 2 EL Zitronensaft
- 1 Handvoll Schnittlauch
- etwas Wasser

Zubereitung:

Äpfel schälen, vierteln, entkernen und in kleine Würfel schneiden.
Mit etwas Zitronensaft beträufeln.
Hüttenkäse mit Wasser und restlichem Zitronensaft verrühren.
Äpfel und fein gehackten Schnittlauch unterziehen.

Frischkäse-Dip

Zutaten:

- 125 g Frischkäse, fettreduziert
- ½ Becher saure Sahne, fettreduziert
- 1 EL Senf
- 1 EL Zitronensaft
- Salz
- Pfeffer

Zubereitung:

Frischkäse mit der sauren Sahne, Senf und Zitronensaft cremig rühren.
Mit Salz und Pfeffer abschmecken.
Im Kühlschrank mindestens 1 Stunde ziehen lassen.

Knoblauchsoße

Zutaten:

- 5 Knoblauchzehen
- 5 EL Magerquark
- 10 EL Crème fraîche, fettreduziert
- 6 EL Joghurt, fettreduziert
- ca. 2 EL Wasser
- Salz
- Pfeffer

Zubereitung:

Knoblauch durch eine Presse drücken.
Crème fraîche mit Joghurt, Quark und Knoblauch verrühren. So viel Wasser hinzugeben, bis die gewünschte Konsistenz erreicht ist.

Mit Salz und Pfeffer abschmecken.

Basilikum-Pesto

Zutaten:

- 1 Topf Basilikum
- 50 g Cashewnüsse, gesalzen
- 80 ml Olivenöl

Zubereitung:

Basilikum und Cashewnüsse grob hacken.
Mit Olivenöl in ein hohes Gefäß füllen, mit einem Stabmixer pürieren.

Frischkäse-Pesto

Zutaten:

- 200 g Frischkäse, fettreduziert
- 4 EL Joghurt
- 80 g rotes Pesto
- 2 EL Schnittlauch
- 1 Prise Zucker
- Salz
- Pfeffer

Zubereitung:

Frischkäse mit Joghurt cremig rühren.
Pesto und Schnittlauch beimengen, mit Salz und Pfeffer abschmecken.

Schnittlauch-Petersilien-Pesto

Zutaten:

- 40 g Schnittlauch, 40 g Petersilie
- 1 Knoblauchzehe, 50 g Pinienkerne, 80 ml Olivenöl, ¼ TL Salz

Zubereitung:

Schnittlauch, Petersilie, Knoblauch und Pinienkerne fein hacken.
Mit Olivenöl und Salz in ein hohes Gefäß geben und mit einem Stabmixer pürieren.

Parmesan-Pesto

Zutaten:

- 100 g Parmesan (gerieben)
- 8 EL Olivenöl, 4 EL Butter
- 6 Knoblauchzehen
- 1 EL Basilikum, getrocknet, 3 EL Pinienkerne (gehackt), Salz, Pfeffer

Zubereitung:

Knoblauch in grobe Stücke schneiden. Mit der weichen Butter, Parmesan, Pinienkernen, Basilikum und Olivenöl pürieren. Mit Salz und Pfeffer abschmecken.

SALATE

Gnocchi-Salat

Zutaten für 4 Portionen:

- 320 g Gnocchi
- 1 rote Paprikaschote
- 1 Zucchini
- 2 EL Olivenöl
- 8 Basilikumblätter
- Salz
- Pfeffer

Für die Vinaigrette:

- 1 Knoblauchzehe
- 1 EL Essig
- 2 EL Olivenöl
- 1 ½ EL Tomatenmark
- 3 EL Gemüsebrühe, hefefrei
- Salz
- Pfeffer

Zubereitung:

Gnocchi in Salzwasser kochen, abgießen und abschrecken.

Zucchini in dünne Scheiben und Paprikaschote in feine Würfel schneiden. In einer mit Öl erhitzten Pfanne anbraten. Nach Belieben mit Salz und Pfeffer würzen.

Knoblauch grob schneiden und mit Essig, Öl, Tomatenmark und Brühe vermischen, pürieren und mit Pfeffer und Salz würzen.
Gnocchi und Gemüse zur Vinaigrette geben und umrühren.
Salat mit Basilikumblättern garnieren.

Gurkensalat mit Papaya

Zutaten für 2 Portionen:

- 1 Papaya
- 200 g Salatgurke
- 6 EL Orangensaft
- 2 Spritzer Essig
- Salz
- Pfeffer

Zubereitung:

Gurke längsseitig halbieren und in dünne Scheiben schneiden.
Papaya schälen, vierteln, entkernen und in Würfel schneiden.

Orangensaft mit Essig, Salz und Pfeffer verrühren.

Alle Zutaten in eine Schüssel geben und umrühren.

Bunter Paprikasalat mit Feta

Zutaten für 2 Portionen:

- 1 gelbe Paprikaschote
- 1 rote Paprikaschote
- 100 g Eisbergsalat
- 80 g Feta
- 8 Radieschen
- 1 Zwiebel
- 2 EL Zitronensaft
- 1 EL Gemüsebrühepulver, hefefrei
- 2 EL Wasser
- 2 EL Öl
- Salz
- Pfeffer

Zubereitung:

Paprikaschoten putzen, entkernen und in feine Würfel schneiden.
Radieschen, Zwiebel und Feta ebenfalls würfeln.

Eisbergsalat in grobe Stücke zupfen.

Für das Dressing Zitronensaft mit Öl, Gemüsebrühe, Wasser, Salz und Pfeffer verquirlen.

Alle Zutaten in eine Schüssel geben und gut umrühren.

Quinoa-Avocado-Salat

Zutaten für 2 Portionen:

- 1 Tasse Quinoa
- ½ Gurke
- 1 essreife Avocado
- ½ Zwiebel
- 1 – 2 EL Olivenöl
- 1 TL Balsamcio-Essig
- Salz
- Pfeffer

Zubereitung:

Quinoa gründlich abspülen, in leicht gesalzenem Wasser ca. 20 Minuten garen, ausquellen und abkühlen lassen.

Avocado, Zwiebel und Gurke fein würfeln.

Essig mit Öl, Salz und Pfeffer verrühren.

Alle Zutaten in eine Schüssel geben und gut umrühren.

Nudelsalat italienisch

Zutaten für 4 Portionen:

- 250 g Nudeln
- 400 g Zucchini
- 250 g Cocktailtomaten
- 3 EL Pesto
- 3 EL Balsamico-Essig
- 1 EL Olivenöl
- 1 EL italienische Kräuter

Zubereitung:

Nudeln in Salzwasser ca. 12 Minuten gar kochen.

Zucchini würfeln und in einer mit Öl erhitzten Pfanne anschwitzen.

Kräuter hinzufügen, abkühlen lassen und alles in eine Salatschüssel umfüllen.

Tomaten vierteln und Pesto und Essig beimengen.

Fertig gekochte Nudeln abgießen, etwas Nudelwasser abfangen und mit den Nudeln unter den Salat mischen.

Gegrilltes Gemüse mit Quinoa-Salat

Zutaten für 6 Portionen:

- 100 g Quinoa
- 500 ml Gemüsebrüh, hefefrei
- 750 g Gemüse (z. B. Möhre, Aubergine, Paprikaschote)
- ½ Glas Pesto verde
- 100 g Oliven, entkernt
- ½ Bund Petersilie
- 2 EL Olivenöl
- 1 - 2 EL Limettensaft
- Salz
- Pfeffer

Zubereitung:

Quinoa gründlich abspülen, mit der Gemüsebrühe aufkochen und bei milder Hitze ca. 20 Minuten garen und ausquellen lassen.

Das Gemüse putzen und in grobe Würfel schneiden. Im Pesto kurz marinieren.
In einer Schale ca. 15 Minuten grillen, danach etwas abkühlen lassen.
Quinoa mit dem gegrillten Gemüse, der gehackten Petersilie, den Oliven und Olivenöl vermischen. Mit Limettensaft, Salz und Pfeffer pikant abschmecken.

Fenchelsalat

Zutaten für 2 Portionen:

- 2 Fenchelknollen
- ¼ Gurke
- 50 g Parmesan, gehobelt
- 3 EL Joghurt, fettreduziert
- 1 Stängel Petersilie
- 2 EL Sesamöl
- Salz
- Pfeffer

Zubereitung:

Strunk und äußere Blätter von den Fenchelknollen entfernen.

Fenchel in feine Streifen, Gurke längs halbieren und in Scheiben schneiden.

Für das Dressing Sesamöl mit Joghurt, fein gehackter Petersilie, Salz und Pfeffer verrühren.

Alles in eine Schüssel geben und gut umrühren. Parmesan darüber verteilen.

Grillgemüse-Salat

Zutaten:

- 1 Aubergine
- 1 rote Paprikaschote
- 1 gelbe Paprikaschote
- 2 Zucchini
- 1 Zwiebel
- 7 EL Olivenöl
- 2 Thymianzweige
- 8 Basilikumblätter, fein gehackt
- 3 EL Zitronensaft
- 20 g gehobelter Parmesan
- Salz
- Pfeffer

Zubereitung:

Aubergine schälen, in ca. 1 cm dicke Scheiben schneiden, mit Salz bestreuen und ca. 30 Minuten ziehen lassen. Paprikaschoten putzen, vierteln und entkernen. Zucchini und Zwiebel in 1cm dicke Scheiben schneiden. Alles mit Salz und Thymianblättern bestreuen, mit Öl beträufeln und ca. 30 Minuten ziehen lassen. Die Auberginen trocken tupfen, mit Zwiebeln auf den heißen Grill legen und ca. 3 Minuten grillen.

Die Paprikaschoten hinzulegen und weitere 5 Minuten grillen, dann Zucchini hinzugeben.

Alles zwischendurch wenden und so lange grillen, bis es goldbraun ist.

Für die Marinade Öl mit Zitronensaft, Basilikum, Salz und Pfeffer verrühren. Das Gemüse hinzugeben und vorsichtig umrühren. Mit Parmesan bestreuen.

Couscous-Salat

Zutaten für 4 Portionen:

- 300 g Couscous
- 2 Tomaten
- ½ Salatgurke
- ½ Glas Paprikamark, mild
- 2 Lauchzwiebeln
- 2 Knoblauchzehen
- 1 Zwiebel
- ½ TL Honig, flüssig
- Olivenöl
- Salz
- Pfeffer

Zubereitung:

Couscous mit Wasser übergießen und quellen lassen.

Tomaten, Gurke und Zwiebel in kleine Würfel, Lauchzwiebeln in feine Ringe schneiden.

Paprikamark, Honig und Olivenöl unter den Couscous heben.

Knoblauch pressen und mit allen weiteren Zutaten mit dem Cousous vermengen.

Chicoree-Avocado-Salat

Zutaten für 2 Portionen:

- 200 g Chicorée
- 2 essreife Avocados
- 50 g Naturjoghurt, fettreduziert
- ¼ TL Currypulver
- 1 Prise Zucker
- etwas Zitronensaft
- Salz

Zubereitung:

Strunk vom Chicorée entfernen, dann längs halbieren und in feine Streifen schneiden.

Avocados halbieren, schälen, entkernen und ¾ der Menge in Würfel schneiden. Mit Zitronensaft beträufeln.

Den Rest der Avocado mit einer Gabel pürieren, mit Joghurt vermengen und mit den Gewürzen abschmecken.

Alle Zutaten in eine Schüssel geben und gut umrühren.

Sommer-Grill-Salat

Zutaten für 4 Portionen:

- 5 Tomaten
- 2 Paprikaschoten
- 1 Salatgurke
- 1 essreife Avocado
- Olivenöl
- Balsamico-Essig
- Salz
- Pfeffer
- Gartenkräuter

Zubereitung:

Tomaten, Paprikaschoten, Salatgurke und Avocado würfeln und in eine Schüssel geben.

Aus Olivenöl, Balsamico-Essig, Salz, Pfeffer und Gartenkräutern eine Salatsoße fertigen, zu den restlichen Zutaten geben und gut verrühren.

Quinoa-Tomaten-Salat

Zutaten für 2 Portionen:

- 100 g Quinoa
- 2 Tomaten
- 1 Frühlingszwiebel
- 500 ml Gemüsebrühe, hefefrei
- 2 EL Zitronensaft
- 1 EL Honigsenf
- 1 EL Olivenöl
- 2 EL gehackte Petersilie
- Salz
- Pfeffer

Zubereitung:

Quinoa gründlich abspülen, mit der Gemüsebrühe aufkochen und bei milder Hitze ca. 20 Minuten garen, ausquellen und abkühlen lassen.

Tomaten in feine Würfel, Frühlingszwiebel in feine Ringe schneiden.

Olivenöl mit Zitronensaft, Senf, Salz und Pfeffer verrühren.

Quinoa mit Gemüse, Petersilie und Dressing in eine Schüssel geben, gut umrühren und mit Salz und Pfeffer abschmecken.

Avocado-Mago-Salat

Zutaten für 2 Portionen:

- 1 essreife Avocado
- 1 essreife Mango
- Zitronensaft
- 4 Basilikumblätter
- Balsamico-Essig
- Sesamöl
- Salz
- Pfeffer

Zubereitung:

Avocado und Mango längs halbieren, vom Kern befreien und schälen.

Das Fruchtfleisch in mundgerechte Stücke schneiden. In eine Schüssel geben und mit Salz und Pfeffer würzen.

Mit Essig, Olivenöl und einem Schuss Zitronensaft anmachen.

Basilikum fein hacken und darüber streuen.

Tomaten-Salat mit Mango

Zutaten für 4 Portionen:

- 400 g Tomaten
- 1 essreife Mango
- 1 Salatherz
- 2 Frühlingszwiebeln
- 1 Handvoll Basilikumblätter
- 1 Kugel Mozzarella, fettreduziert
- 2 EL Balsamico-Essig
- 1 EL Olivenöl
- Salz
- Pfeffer

Zubereitung:

Mango schälen, vom Stein lösen und in Würfel schneiden.

Tomaten achteln, mit Mango, Salz und Pfeffer in eine Schüssel geben und 10 Minuten ziehen lassen.

Salat in grobe Stücke zupfen, Frühlingszwiebeln putzen und in feine Ringe, Mozzarella in kleine Stücke schneiden. Diese Zutaten dann auch in die Schüssel geben und vermischen.

Basilikum fein hacken und mit Essig und Olivenöl unter den Salat rühren. Mit Salz und Pfeffer abschmecken.

Griechischer Salat

Zutaten für 4 Portionen:

- 1 Salatgurke
- 2 Paprikaschoten
- 3 Tomaten
- 2 Zwiebeln
- 220 g Schafskäse
- 6 Blätter Eisbergsalat
- 12 Oliven, entkernt
- 6 EL Olivenöl
- Salz
- Pfeffer

Zubereitung:

Gurke schälen und würfeln.

Paprikaschoten vierteln, entkernen und in feine fingerlange Streifen schneiden. Tomaten und Schafskäse in Würfel, Zwiebeln halbieren und in feine Ringe schneiden. Salatblätter in grobe Stücke zupfen. Alles in eine Salatschüssel geben und mit Öl vermengen. Mit Salz und Pfeffer abschmecken.

Rettich-Apfel-Salat

Zutaten für 2 Portionen:

- ½ Rettich
- 1 saurer Apfel
- 2 EL Apfelsaft
- 1 EL Créme fraîche, fettreduziert
- 1 EL Sesamöl
- 1 EL gehackte Haselnüsse, Salz, Pfeffer

Zubereitung:

Rettich und Apfel schälen und fein raspeln. Apfelsaft mit Sesamöl, Honig, Créme fraîche, Salz und Pfeffer verrühren, dann mit Rettich- und Apfelraspeln vermengen.

Lollo rosso mit Papaya

Zutaten für 2 Portionen:

- 200 g Lollo rosso
- ½ essreife Papaya
- 6 Cocktailtomaten
- 2 EL Sesamöl
- 1 TL Balsamico-Essig, Salz, Pfeffer

Zubereitung:

Lollo rosso in grobe Stücke zupfen. Papaya längsseitig halbieren, schälen, entkernen und in dünne Scheiben schneiden. Tomaten halbieren.

Sesamöl mit Essig, Salz und Pfeffer verrühren.

Salatblätter mit Papaya auf Tellern anrichten, mit Dressing beträufeln.

Gurkensalat mit Walnüssen

Zutaten für 2 Portionen:

- 1 Salatgurke
- 60 g Walnüsse
- 3 TL Olivenöl
- ½ TL Essig
- 1 EL Petersilie
- Salz
- Pfeffer

Zubereitung:

Walnüsse fein hacken und in einer fettfreien Pfanne anrösten. Gurke in feine Scheiben hobeln. Öl mit Essig, Salz und Pfeffer verrühren. Gurkenscheiben mit Walnüssen und Petersilie anrichten. Dressing darüber träufeln.

Avocado-Käse-Salat

Zutaten für 2 Portionen:

- 2 essreife Avocados
- 100 g Gouda am Stück, fettreduziert
- ½ Grapefruit
- ½ Zitrone, Saft davon
- 1 EL Honig, flüssig
- Salz, Pfeffer

Zubereitung:

Avocado halbieren, schälen, entkernen und würfeln. Mit Zitronensaft beträufeln. Gouda in kleine Würfel schneiden, Grapefruit in kleine Stücke filetieren. Alles in eine Schüssel geben, umrühren und mit Honig, Salz und Pfeffer abschmecken.

Sellerie-Apfelsalat

Zutaten für 2 Portionen:

- 200 g Sellerieknollen
- 80 g saure Sahne, fettreduziert
- 1 saurer Apfel
- 2 Scheiben Ananas
- 2 EL Zitronensaft, 2 EL Walnüsse, fein gehackt, Salz, Pfeffer

Zubereitung:

Sellerie schälen, halbieren und in kochendem Wasser ca. 5 Minuten garen. Herausnehmen und auf einer Reibe grob raspeln.

Ananas in kleine Stücke schneiden.

Apfel schälen, vierteln und klein würfeln.

Sahne mit Zitronensaft verrühren.

Alles in eine Schüssel geben, mit Salz und Pfeffer würzen und gut umrühren.

Mit Walnüssen anrichten.

LECKERE ÜBERRASCHUNGEN

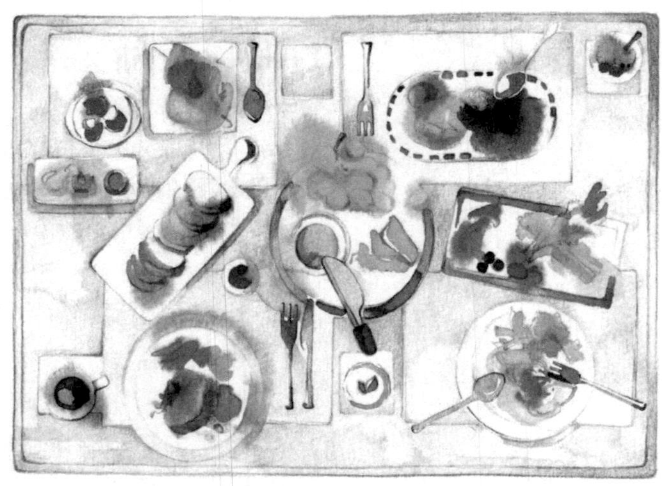

Gegrillte Avocados mit Tomatenfüllung

Zutaten für 4 Portionen:

- 4 essreife Avocados
- 4 Tomaten
- 1 kleine Zwiebel
- 1 TL Tomatenmark
- 2 EL Wasser
- 4 Stiele Petersilie
- ½ Zitrone, Saft davon
- Olivenöl
- Salz
- Pfeffer

Zubereitung:

Tomaten und Zwiebel in feine Würfel schneiden.

Tomatenmark mit 2 EL Olivenöl, Wasser, Salz und fein gehackter Petersilie verrühren. Tomaten- und Zwiebelwürfel hinzugeben.

Avocados längs halbieren, entkernen und mit Zitronensaft und etwas Öl einpinseln. Mit Salz und Pfeffer würzen.
Avocadohälften mit der Schnittfläche nach unten ca. 5 Minuten grillen, dann mit dem Tomatenmix befüllen.

Rühreimuffins vom Grill

Zutaten für 12 Muffins:

- 12 Eier
- 3 Tomaten
- Pflanzenöl
- Salz
- Pfeffer
- Muffinform

Zubereitung:

Eier mit Salz und Pfeffer verquirlen und in eine eingefettete Muffinform geben.

Tomaten fein würfeln und darüber verteilen.

Muffinform auf den Grill stellen und wenige Minuten grillen, bis die Eimasse gestockt ist.

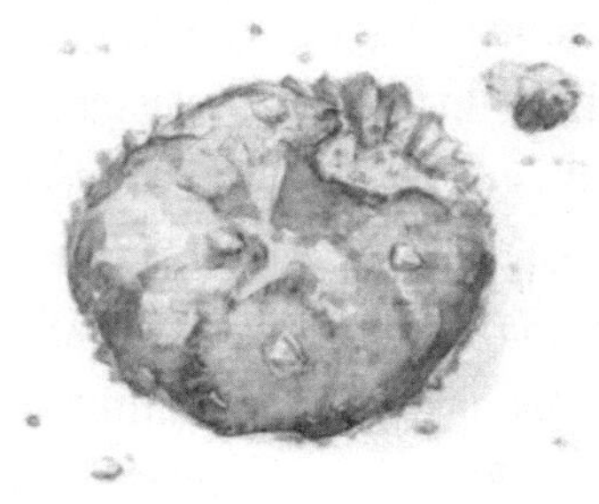

Gorgonzola-Birnen

Zutaten für 4 Portionen:

- 4 Birnen (je ca. 150 g)
- 150 g Gorgonzola, fettreduziert
- 1 Vanilleschote
- 100 ml Birnensaft, ohne Zucker
- 1 Zimtstange
- 50 g Walnusskerne
- Pflanzenöl
- Alufolie

Zubereitung:

Birnen schälen, in Spalten schneiden und entkernen.

Das Mark aus der Vanilleschote ausschaben.

Birnensaft mit Zimtstange, Vanillemark und -schote in einem Topf aufkochen. Birnen hinzugeben und bei mittlerer Hitze ca. 8 Minuten garen.

Die Birnen dann aus dem Sud herausnehmen und abtropfen lassen. Auf 4 leicht eingefettete Alufolien verteilen und ein wenig Kochsud dazu träufeln.

Den Gorgonzola entrinden, Walnüsse grob hacken und auf die Birnen verteilen. Die Alufolien zu kleinen Päckchen falten, an den äußeren Enden des Holzkohlegrills positionieren und wenige Minuten grillen.

Kräuterbrot vom Grill

Zutaten für 4 Portionen:

- 8 Scheiben Weißbrot
- 80 g Butter, fettreduziert
- 1 Zwiebel
- 2 Knoblauchzehen
- 1/2 Tasse frische Kräuter
- 1 TL Zitronensaft
- 1 TL Senf
- Salz
- Pfeffer

Zubereitung:

Butter in einer Schüssel schaumig rühren.

Knoblauch pressen, Zwiebel und Kräuter fein hacken und unterrühren.

Mit Senf, Zitronensaft, Salz und Pfeffer abschmecken.

Die Toastbrotscheiben mit der Kräuterbutter bestreichen und wenige Minuten auf dem Grill rösten.

Gegrillte Spiegeleier

Zutaten für 4 Portionen:

- 4 Eier
- 1 Handvoll Schnittlauch, fein gehackt
- Öl
- Salz
- Pfeffer
- Grillpfanne

Zubereitung:

Eier in eine mit Öl auf mittlere Temperatur erhitzte Grillpfanne schlagen.

Mit Salz und Pfeffer würzen, mit Schnittlauch bestreuen.

So lange grillen, bis die gewünschte Konsistenz erreicht ist.

Zwiebeln gegrillt

Zutaten für 4 Portionen:

- 2 große Zwiebeln
- 1 EL Balsamico-Essig
- 2 EL Olivenöl
- Salz
- Pfeffer

Zubereitung:

Zwiebeln schälen und in Ringe schneiden. Für die Marinade Essig mit Olivenöl, Salz und Pfeffer verrühren. Mit den Zwiebelringen in eine Schüssel geben und 30 Minuten zugedeckt ziehen lassen. Zwiebeln in eine Grillschale legen und beidseitig jeweils 5 Minuten grillen. Vor dem Servieren mit etwas Marinade beträufeln.

Gegrillter Knoblauch auf Brot

Zutaten für 4 Portionen:

- 2 – 3 Knoblauchknollen
- 1 Baguette
- Salz

Zubereitung:

Knoblauchknollen mit Schale auf den Grill legen, zwischendurch wenden. Sobald die äußere Schale fast schwarz und das Innere weich ist, vom Grill nehmen und Zehen herausdrücken.

In der Zwischenzeit das Brot in Scheiben schneiden und auf dem Grill leicht anrösten.

Knoblauch auf die Brotscheiben geben und mit etwas Salz würzen.

Kräuter-Fladenbrot

Zutaten für 2 Portionen:

- 20 g Tomaten, getrocknet
- 2 Knoblauchzehen
- 3 EL Olivenöl
- 4 Basilikumblätter
- 2 Rosmarinzweige
- Salz
- Pfeffer
- 1 Mini-Fladenbrot (200 g)

Zubereitung:

Tomaten, Rosmarinnadeln und Basilikumblätter fein hacken und mit dem gepressten Knoblauch, Olivenöl, Salz und Pfeffer verrühren.

Das Fladenbrot längs halbieren, mit dem Kräuteröl beträufeln. Auf den Grill legen und ca. 2 Minuten rösten.

Spiegeleimuffins vom Grill

Zutaten für 12 Muffins:

- 12 Eier
- ½ Bund Schnittlauch
- Pflanzenöl
- Salz, Pfeffer
- Muffinform

Zubereitung:

Muffinform gut einölen und jede Mulde mit 1 Ei füllen. Schnittlauch grob hacken und über die Eier verteilen. Mit Salz und Pfeffer würzen.

Muffinform auf den Grill stellen und wenige Minuten grillen, bis die gewünschte Konsistenz erreicht ist.

Geräucherte Eier vom Grill

Zutaten für 4 Eier:

- 4 Eier
- 5 große Apfelchips
- Salz

Zubereitung:

Eier in Salzwasser geben und wachsweich kochen.

Mit kaltem Wasser abschrecken, pellen und in leicht gesalzenem Wasser ziehen lassen und kalt stellen.

Apfelchips in Wasser legen und aufquellen lassen.

Die Glut beiseiteschieben, dann die Eier mittig auf den Grillrost legen. Die feuchten Apfelchips zur Glut geben, sodass die Eier eine goldbraune Farbe annehmen.

Avocados gegrillt

Zutaten für 4 Portionen:

- 4 essreife Avocados
- 4 Knoblauchzehen
- Olivenöl
- Salz
- Pfeffer

Zubereitung:

Avocados halbieren und den Kern entfernen.

Die Avocadohälften mit Öl einpinseln und mit Salz, Pfeffer und gepresstem Knoblauch würzen.

Avocadohälften mit der Schnittfläche nach unten ca. 5 Minuten grillen.

Gurkengelee

Zutaten:

- 1 Salatgurke
- 2 EL Weißweinessig
- 3 Gelatineblätter
- Zucker
- Salz

Zubereitung:

Gelatine in kaltes Wasser geben, einweichen lassen, anschließend gut ausdrücken.

Gurke schälen, in kleine Würfel schneiden und in einer Schüssel mit etwas Salz und Zucker würzen. Im Kühlschrank ziehen lassen. Mit einem Stabmixer pürieren, durch ein Tuch seihen, dabei die Flüssigkeit auffangen.

Von der Gurkenflüssigkeit ¼ Liter mit Essig verrühren. Die Hälfte erhitzen und die Gelatine darin auflösen. Dann die restliche Gurkenflüssigkeit beimengen. Alles in eine Schüssel füllen und über Nacht im Kühlschrank ziehen lassen.

Gegrillte Kürbisscheiben

Zutaten für 10 Portionen:

- 1 kleiner Hokkaido-Kürbis
- 2 Knoblauchzehen
- 1 TL Sojasoße
- Olivenöl, Salz , Pfeffer

Zubereitung:

Den geschälten und entkernten Kürbis in gleich große Scheiben schneiden. Knoblauch durch eine Presse drücken und mit Öl, Sojasoße, Salz und Pfeffer verquirlen. Die Kürbisscheiben in eine Grillschale legen. Mit der Marinade übergießen und ca. 30 Minuten ziehen lassen. Auf den Grill stellen und ca. 10 Minuten garen.

Bruschetta vom Grill

Zutaten für 4 Portionen:

- 1 Baguette
- 2 Tomaten
- 4 EL Tomatenketchup, zuckerfrei
- 3 Knoblauchzehen
- 6 Basilikumblätter
- 2 EL Olivenöl

Zubereitung:

Baguette in Scheiben schneiden und eine Seite auf dem Grill kurz anrösten.
Tomaten würfeln und mit gepresstem Knoblauch, Ketchup, Olivenöl und fein gehacktem Basilikum vermengen.

Die Tomatenpaste auf die angerösteten Brotscheiben streichen.
Mit der nicht bestrichenen Brotseite nach unten nochmals auf den Grill legen und kurz anrösten.

OBST-LECKEREIEN

Grill-Ananas

Zutaten für 6 Portionen:

- 6 EL Kokosraspel
- 1 Ananas
- 1 EL Öl

Zubereitung:

Kokosflocken in eine Pfanne ohne Öl geben und rösten. Danach auf einem Teller abkühlen lassen.

Ananas schälen, in Scheiben schneiden und mit Öl bestreichen.

Ananasscheiben auf den vorgeheizten Grill legen und beidseitig angrillen.

Vom Grill nehmen und mit Kokosflocken bestreuen.

Gegrillte Banane mit Sahne

Zutaten für 4 Portionen:

- 4 Bananen
- 250 g Schlagsahne

Zubereitung:

Bananen ungeschält für 30 – 60 Minuten (je nach Hitze) auf den angeheizten Grill legen. Zwischendurch wenden.

Sobald die Banane innen weich ist, vom Grill nehmen.

Der Länge nach aufschneiden, aufklappen und mit etwas Schlagsahne servieren.

Pfirsiche mit Haselnüssen

Zutaten für 4 Portionen:

- 4 große frische Pfirsiche
- ½ Zitrone, Saft davon
- 1 EL Honig
- 3 EL Butter, fettreduziert
- 2 Handvoll Haselnüsse

Zubereitung:

Die Pfirsiche mit heißem Wasser übergießen und die Schale abziehen. Halbieren und innen mit Zitronensaft beträufeln. Einige Minuten ziehen lassen.

Haselnüsse fein hacken und in einer fettfreien Pfanne anrösten.

Die weiche Butter mit Honig verrühren und die Pfirsiche bestreichen. In eine eingefettete Grillschale setzen und beidseitig ca. 5 Minuten grillen. Zwischendurch mehrmals mit der Buttersoße bestreichen. Mit der runden Seite nach oben mit den Nüssen anrichten.

Mango-Käse-Spieße

Zutaten für 4 Portionen:

- 1 kleine Zucchini
- 250 g Mango
- 250 g Grillkäse
- 1 EL Honig
- 2 EL Sonnenblumenöl
- Salz
- Pfeffer
- Spieße

Zubereitung:

Zucchini mit einem Sparschäler längs in Streifen hobeln.

Mango schälen, Fruchtfleisch vom Stein lösen und würfeln.

Grillkäse in Stücke schneiden und mit den Zucchinistreifen umwickeln. Abwechselnd mit den Mangowürfeln auf die Spieße stecken.

Öl mit Honig, Salz und Pfeffer verrühren und die Spieße darin marinieren.

In einer Grillschale ca. 5 Minuten garen, zwischendurch wenden.

Nektarinen auf Polenta

Zutaten für 4 Portionen:

- 4 Nektarinen
- 350 ml Milch, fettreduziert
- 90 g Polenta
- 1 Vanilleschote
- 4 EL weiche Butter, fettreduziert
- 1 EL Honig, flüssig

Zubereitung:

Milch mit Vanillemark aufkochen, unter Rühren die Polenta einrieseln.

Bei mittlerer Hitze unter ständigem Rühren so lange kochen lassen, bis sich der Teig vom Topfrand löst. Vom Herd nehmen und abkühlen lassen.

Polenta auf einem feuchten Arbeitsbrett ausstreichen und auskühlen lassen.
Quadrate formen, auf den Grill geben und warten, bis sie goldgelb sind.

Butter mit Honig verrühren. Nektarinen halbieren, entkernen und die Schnittflächen mit Honigbutter bestreichen. Auf dem Grill ca. 8 Minuten garen, dabei mehrmals wenden. Mit Polenta anrichten.

Ananas-Spieße mit Tomaten

Zutaten für 8 Spieße:

- 1 große Zucchini
- ¼ Ananas
- 1 rote Zwiebel
- 16 Cocktailtomaten
- Spieße

Zubereitung:

Zucchini und Zwiebel in dicke Scheiben schneiden. Ananas schälen und in mundgerechte Stücke schneiden.
Abwechselnd auf die Spieße stecken und ca. 8 Minuten auf den Grill legen. Zwischendurch wenden.

Mango in Erdbeersoße

Zutaten für 4 Portionen:

- 4 essreife Mangos
- 1 EL Honig, flüssig
- Sonnenblumenöl
- 2 EL Zitronensaft
- 4 große frische Erdbeeren
- 2 EL Kokosflocken

Zubereitung:

Für die Erdbeersoße Zitronensaft mit Honig verrühren. Erdbeeren hinzugeben und pürieren. Mangos schälen und in der Erdbeersoße 30 Minuten ziehen lassen. Mangos mit der marinierten Seite nach unten grillen. Mit der restlichen Marinade und den Kokosflocken anrichten.

Erdbeer-Kirsch-Spieße mit Tofu

Zutaten:

- 300 g Tofu
- 20 Kirschen
- 10 Erdbeeren
- 2 EL Wasser
- 4 EL Sojasoße
- ½ TL Currypulver
- Spieße

Zubereitung:

Tofu in Würfel schneiden, Kirschen entkernen, Erdbeeren putzen und halbieren. Für die Marinade Sojasoße mit Wasser und Gewürzen verrühren. Tofuwürfel einlegen und 2 Stunden ziehen lassen. Tofuwürfel auf dem Grill anrösten, dann abwechselnd mit Erdbeeren und Kirschen auf die Spieße stecken und grillen.

Käse-Apfel-Spieße

Zutaten für 4 Portionen:

- 16 Würfel Raclette-Käse
- 2 süß-saure Äpfel
- 4 Spieße

Zubereitung:

Äpfel schälen, vierteln, entkernen und in Stücke schneiden.

Abwechselnd mit Käsewürfeln auf die Spieße stecken.

Unter ständigem Wenden grillen, bis die Apfelstücke karamellisieren und der Käse schmilzt.

Erdbeerspieße

Zutaten:

- 400 g Erdbeeren
- 1 Banane
- Spieße
- Alufolie

Zubereitung:

Erdbeeren putzen und waschen, große Erdbeeren halbieren oder vierteln. Banane in ca. 2 cm dicke Scheiben schneiden und abwechselnd mit den Erdbeeren auf die Spieße stecken.

Jeden Spieß in Alufolie einwickeln und ca. 10 Minuten auf den Grill legen.

Wassermelone mit Frühlingszwiebeln

Zutaten für 2 Portionen:

- 500 g kernlose Wassermelone
- 2 Frühlingszwiebeln
- 2 EL Olivenöl
- ½ TL Salz
- ½ TL Currypulver

Zubereitung:

Melone schälen, ggf. entkernen und in 2 cm dicke Scheiben schneiden.

Salz mit Currypulver vermischen.

Frühlingszwiebeln putzen, in grobe Stücke schneiden, in einer Schale mit 1 EL Öl vermischen und ca. 5 Minuten grillen.

Melonenscheiben von jeder Seite ca. 3 Minuten grillen, dann mit den Zwiebeln anrichten. Mit Öl beträufeln und mit dem Currysalz bestreuen.

Ananas-Spieße im Joghurtglas

Zutaten für 8 Gläser:

- 1 Ananas
- 600 g Joghurt, fettreduziert
- 4 Stangen Zitronengras
- 1 - 2 EL Honig, flüssig
- 1 Limette, Saft davon
- 2 EL Kokosflocken

Zubereitung:

Ananas schälen, vierteln und vom Strunk befreien. Das Fruchtfleisch in 2 cm dicke Scheiben schneiden.

Zitronengras längs halbieren und schräg anschneiden, sodass eine Spitze entsteht, dann die Ananasstücke aufspießen.

In einer Grillschale ca. 3 Minuten von jeder Seite grillen.

Limettensaft über die Spieße träufeln, mit Kokosflocken bestreuen.

Joghurt mit Honig verrühren, in Gläser füllen und mit den Ananas-Spießen servieren.

Papayasalat

Zutaten für 2 Portionen:

- 1 essreife Papaya
- 1 Salatherz
- 3 EL Sesamöl
- 1 TL Sesamsamen
- 1 TL Balsamico-Essig
- Salz
- Pfeffer

Zubereitung:

Sesamsamen in einer fettfreien Pfanne anrösten.

Salatblätter in grobe Stücke schneiden.

Papaya schälen, halbieren, entkernen und in kleine Würfel schneiden.

Sesamöl mit Essig, Salz und Pfeffer verrühren.

Salatblätter mit Papaya auf 2 Tellern anrichten. Dressing und Sesamsamen darüber verteilen.

Wassermelonen-Spieße mit Feta

Zutaten für 6 Portionen:

- 1 kleine kernlose Wassermelone
- 1 Handvoll Basilikumblätter
- 12 Erdbeeren
- 2 Packungen Feta
- Spieße

Zubereitung:

Melone schälen, ggf. entkernen und in 2 cm dicke Scheiben schneiden.
Feta in 1 cm große Stücke würfeln.
Erdbeeren putzen, große halbieren oder vierteln.
Spieße abwechselnd mit Feta, Melone, Erdbeeren und je einem Blatt Basilikum bestücken.
5-10 Minuten auf den vorgeheizten Grill legen.

Gemischtes Obst mit Soße

Zutaten für 2 Portionen:

- 2 Äpfel
- 1 Banane
- 2 Kiwi
- 50 ml Orangensaft
- 1 TL Honig
- 1 TL Butter
- etwas Zimt
- 2 Stck. Alufolie (ca. 20 x 20 cm)

Zubereitung:

Das geschälte Obst in mundgerechte Stücke schneiden und mischen.
Für die Soße Orangensaft mit Zimt und Honig verrühren.

Alufolie mit der weichen Butter bestreichen und das Obst darauf legen, mit der Soße übergießen.

Fest verschließen und ca. 10 Minuten grillen.

Melonen-Salat mit Mozzarella

Zutaten für 4 Portionen:

- 400 g Honigmelone
- 2 Mozzarellakugeln, fettreduziert
- 2 Handvoll Basilikumblätter
- 2 EL Balsamico Bianco-Essig
- 1 TL Honig
- 2 EL Olivenöl
- Salz
- Pfeffer

Zubereitung:

Melone halbieren, entkernen und in dünne Spalten schneiden.

Mozzarella in mundgerechte Stücke schneiden.

Essig, Honig und Olivenöl miteinander verquirlen.

Melone mit Mozzarella und Basilikum auf Tellern anrichten und mit der Balsamico-Honigvinaigrette beträufeln.

Obstspieße

Zutaten für 6 Portionen:

- 1 Banane
- 1 Apfelsine
- 2 Äpfel
- ½ Zitrone, Saft davon
- 1 TL Honig, flüssig
- 6 Spieße

Zubereitung:

Obst in mundgerechte Stücke schneiden, Apfel- und Bananenstücke mit Zitronensaft beträufeln, damit diese nicht braun werden.

Alle Obststücke abwechselnd auf die Spieße stecken, etwas Honig darüber träufeln.

Spieße auf den Grill legen und ca. 5 Minuten garen, zwischendurch wenden.

Rezeptregister

Rezeptregister

Rezeptregister

Rezeptregister

Fotoregister

s.10 © dneprstock - Fotolia.com
s.18 © Yulia - Fotolia.com
s.43 © moi - Fotolia.com
s.48 © dariaustiugova- Fotolia.com
s. 59 © dariaustiugova- Fotolia.com
s.68 © nataliahubbert- Fotolia.com
s.78 © izumikobayashi - Fotolia.com
s.85 © Yulia- Fotolia.com
s.21 arxichtu4ki- Fotolia.com
s.23 Mariia- Fotolia.com
s.25 koroleva8- Fotolia.com
s.26 anastasianio- Fotolia.com
s.35 arxichtu4ki- Fotolia.com
s.28 © Insdes - Fotolia.com- Fotolia.com
s.32 © dariaustiugova- Fotolia.com
s.36 © dariaustiugova- Fotolia.com
s.40 © arxichtu4ki- Fotolia.com
s.47 © val_iva- Fotolia.com
s.49 © Xavier- Fotolia.com
s.50 © dariaustiugova- Fotolia.com
s.54 © asetrova- Fotolia.com
s.55 © Mariia- Fotolia.com
s.56 © psyfer- Fotolia.com
s.60 © PYRAMIS- Fotolia.com
s.61 © dariaustiugova- Fotolia.com
s.63 © Insdes- Fotolia.com
s.65 © zzorik- Fotolia.com
s.65 © dneprstock- Fotolia.com
s.79 © nataliahubbert- Fotolia.com
s.84 © nataliahubbert- Fotolia.com
s.91 © natali_mya- Fotolia.com
s.91 © maramorosz- Fotolia.com
s.92 © jula_lily- Fotolia.com
s.92 © anastasianio- Fotolia.com
s.12 © alisared - Fotolia.com
s.15 © Xavier - Fotolia.com

Hinweise für den Leser

Alle Angaben in diesem Buch wurden nach bestem Wissen und mit größter Sorgfalt erstellt. Die Angaben und Empfehlungen erfolgen ohne Verpflichtung oder Garantie der Autorin. Sie und der Verlag übernehmen keine Verantwortung und Haftung für Personen-, Sach- und Vermögensschäden aus der Anwendung der hier erteilten Ratschläge, insbesondere auch bezüglich der Mengenangaben und dem Gelingen der jeweiligen Rezepte.

Dieses Buch hat nicht die Absicht und erweckt nicht den Anspruch, eine ärztliche Behandlung zu ersetzen. Ausdrücklich wird empfohlen, eine medizinische Diagnose vom Therapeuten einzuholen und eine entsprechende Therapiebegleitung durchzuführen. Einige der vorgestellten Maßnahmen weichen von der gängigen medizinischen Lehrmeinung ab, und resultieren aus der Erfahrungsheilkunde.

Es wird ausdrücklich darauf hingewiesen, dass mit diesem Buch keine erfüllbaren Hoffnungen erweckt werden, die eventuelle Heilerfolge erwarten lassen können. Die Verwertung der Texte und Bilder, auch auszugsweise, ist nur mit Zustimmung des Verlags und der Autorin erlaubt. Dies gilt auch für Vervielfältigungen, Übersetzungen, Mikroverfilmungen und für die Verarbeitung mit elektronischen Systemen.